心と身体の神秘

気によって解き明かされる

宇城憲治

心道会
宇城

SEIKO

気によって解き明かされる　心と身体の神秘

もくじ

もくじ

＊掲載した写真は、宇城塾（空手実践塾・宇城道塾・親了塾）にて撮影したものです。

〈はじめに〉人間力を取り戻す「気」

未知の世界に目を向ける

現在私は、主宰する道塾や空手実践塾、学校講演などの宇城塾において、人間誰もが生まれながらに持つ潜在能力を、独自の「気」という方法を使って、気づかせ開花させる指導を展開しています。そこで実践、実証している数々の潜在能力は、現在の常識や、たとえ最先端の科学をもってしても到底説明が及ぶようなものではありません。それほど人間というのは未知の凄い力を秘めていることが分かります。

そもそも我々人間が存在している地球そして宇宙は、95%が未知の世界と言われており、その未知の世界にある多くの解明できない神秘を目の当たりにしながらも、我々人間は現実として、分かっている5%の世界でものを見、考え、そこから抜け出すことができないでいます。しかし、「人間というのはこの地球上で考えられる最も優れた生命体として、母なる地球に生を受け、存在しているのだ」という視点に立つと、我々がその潜在能力を1%

も出し切れていない事に気づけるのではないかと思います。

その事は、「気」というエネルギーによって常識では不可能と思われる事が瞬時に可能になるという不思議な現実からも、しかもその力が桁違いである事からも言えると思います。さらに、その「気」による不可を可とする実践事例には、客観性、普遍性、再現性があり、少なくともその潜在能力は万人共通の法則として内在するものであると言えます。

95％が未知の世界にあって、残りの5％のなかの、さらにその1％にも満たない世界に自分たちがいるのだという謙虚な考えや見方に立てば、宇宙の大きなエネルギーに包まれ、生かされている自分の時空を感じ、常に一生を充実したものにできるのではないかと思っています。

逆に5％の世界に身を置けば、科学による新発見がいかにも未知の世界を解き明かす正しい答えであるという知識偏重主義に陥るため、「気」によって不可が可になるような現科学で解明できない潜在能力の事例は、疑心暗鬼ということになります。すなわち、部分分析に偏り全体を意識しない今の科学のあり方は、人間力の低下につながりかねないのです。そしてそれは、自らの器でしかものを見ることができないという事でもあります。

この偉大なる地球に生かされているという神秘を分母として、今を生きている自分を分子とすると、この「気」というエネルギーは、必ずや自分という分子をより大きくする力になるであろうと思います。そう願って、そこへの「気づき、気づかせる」が、まさに当塾の理念でもあります。つまり「人間は素晴らしいぞ、凄いぞ」という事を身体を通してまず知るという事です。実際、身体を通して得た情報は、知識で得た情報とはその情報量の桁が違い、自らに必ず変化を起こします。すなわち気づきです。そこで得た「人間を信じる」は、「自分を信じる」の自信となり、その自信はまた、他尊という利他の行動に結びついていくと信じています。

事実を最優先とする

私はあらゆる事において「事実」を最優先してきました。それは知識で得る情報と事実から得る情報とでは、その情報量の桁が違うことに加え、事実から得た情報は、そのプロセスが知性と違って感性にあるので、自然と自分の行動につながるからです。

教科書や本の情報は、知識として頭にインプットされますが、事実は、『身体を通して』、一つは頭脳に、もう一つは身体脳にインプットされていきます。

身体脳とは持論の言葉でありますが、分かりやすく言えば、自転車に一度乗れるようになると一生乗ることができる、といった記憶を司る脳のことです。ですから身体脳は、体験という事実を通してしか創造されない脳とも言えます。

ルバングのジャングルで30年間生き続けてこられた小野田寛郎《ひろお》さんとは、過去、NHKの国際放送と季刊『道《どう》』（どう出版）で対談させていただきました。私が最優先する事実とは、小野田さんが30年間ジャングルで生き抜かれたという事実です。そこにある話は、全て体験に基づく事実だからこそ、本や教科書で得られる知識とはまったく異なります。戦争に行く前、ご自身がルバングに30年もいることになる事については未知だったにもかかわらず、実際小野田さんが生き抜かれたという事実、その生き抜くことができた根源にある生命力の本質とは何か――。それを自分の全身を通して感じ取ることができれば、貴重な教えとして生きてくるものだと思っています。

たとえ自分自身がジャングルで過ごしたという事実はなくとも、小野田さんの体験を身体を通す聞き方をして初めて、それは擬似といえども自分の体験となるからです。しかし、このような身体を通しての聞き方ができるかどうかは、自分のなかに事実、体験を通した身体脳をいかに多く持っているかにも関係してきます。

一方そうした体験を通した身体脳の学びとは真逆にあるのが、身近な例では、我々が中学校から習う英語の学習方法です。単語、文法、解釈など、中学、高校そして大学まで10年近く学び、試験ではたとえ100点をとったとしても、最も必要な会話というコミュニケーションはほとんどできるようにならないという不思議さです。赤ちゃんは、放っておいても1歳を過ぎる頃から自然と言葉を覚え、しゃべるようになります。不思議ですが、このほうが自然体なのです。しかし我々が学校で学んだ英語は、場合によっては話せないようにしてしまいます。まさしく目的と手段が混乱した、「試験、受験のため」を根底とする英語教育授業の矛盾と言わざるを得ません。

人間には、その身体の60兆個の細胞に、人間が人間として本来どうあるべきか、すなわち地球の創造物としてこの地球上でどう生きていくべきかが刻まれているはずです。まさに「気」というのはその刻まれたメッセージを読み解き、エネルギーにしてくれる本質的なものだと思っています。「気」によってそれまで不可能だった事が瞬時に可能になるという事実は、我々に二つの事を教えてくれています。一つは、自分のなかに存在する未知なる潜在能力の発掘であり気づきです。もう一つは、その発掘された潜在エネルギーと現在の常識とされているエネルギーとの差異には著しい開きがあり、それを生み出すプロセスも従来のあり方とは矛盾しているという点です。従来のあり方とはすなわち人間の可能性を閉じ込めるあり方と言えます。

これに対し現在、宇城塾で展開している「気」は人間の可能性を引き出すものであり、それは「事実・実践」を通して身体脳で「見る・聞く」という習慣と、長年かかわってきた技術開発や経営という実社会での生き様、そして武術としての空手と居合、これら全てが融合され、そこから見い出した「全ての根源は調和にある」ということへの気づき、まさにこれこそが気の創造につながっていったと思っています。

この自分のなかで「無から有」として存在している「気」によって導かれる最大の特徴は、

① 「気」を相手にかけることによって相手にも同じ事を、かつ瞬時にさせることができる事。

② 常識では不可能と思われるような事を瞬時に可能にできる事。

③ その対象は、一人に限らず50名でも100名でも1000名でも、全員同時かつ瞬時に

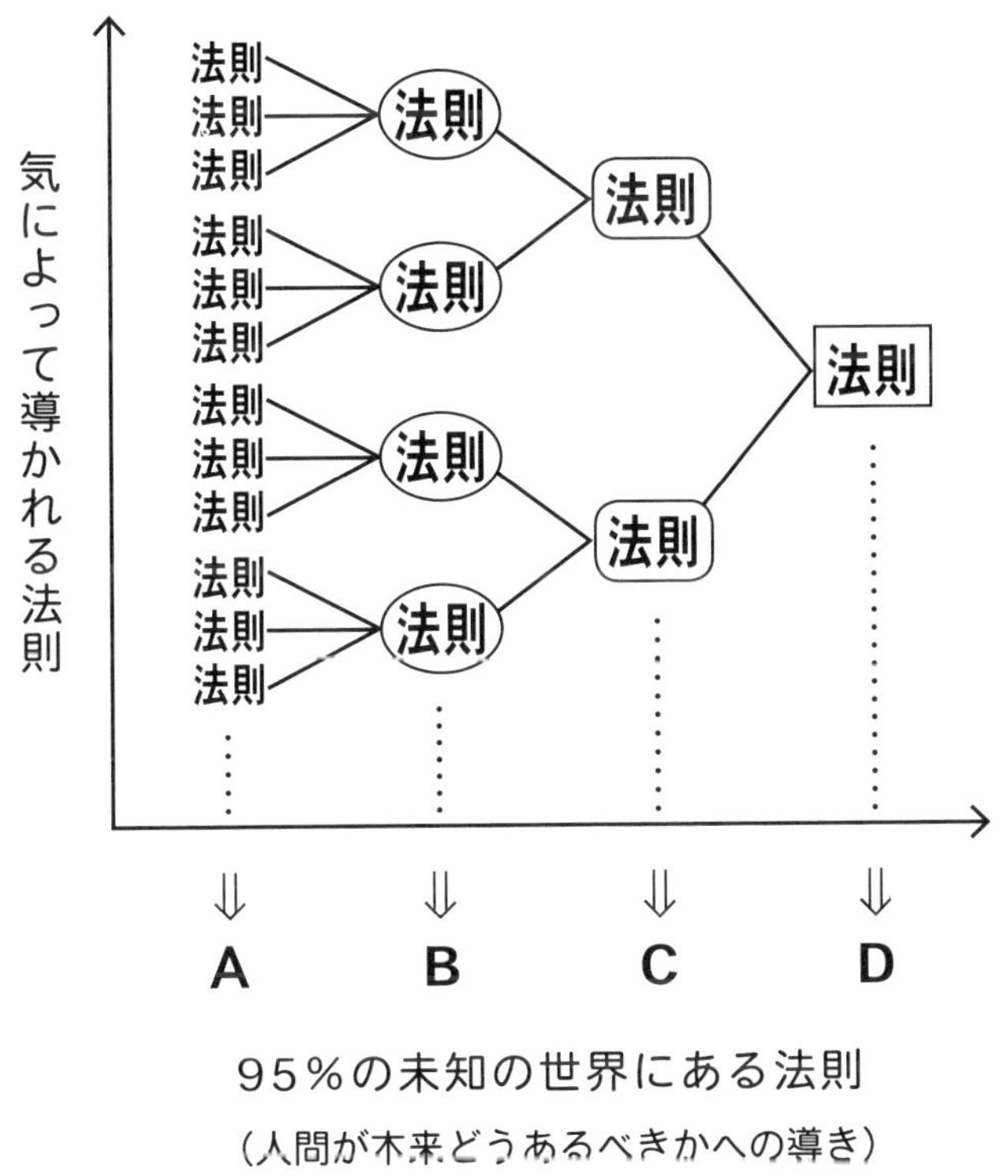

図1．法則の発見と未来の道しるべ

可能にできる事。

④ そこには普遍性、再現性、客観性があるという事。

この①②③④によって導かれた多くの事実事象は、従来の科学が部分分析型である事に対し、常に統一体として、それぞれ普遍性、再現性、客観性という科学性を持ち、我々人間が本来どうあるべきかを導く法則とも言えます。さらにそれらの法則を掘り下げていくと、ステップA、B、C、Dという具合に集約されていき、それが集約されればされるほど、自分という存在と進むべき道が見えてくる。まさに世界にただ一つの自分の花を咲かせる事につながるのではないかと思います。世の中で奇跡とされていたような事も決して不思議な事ではなく、未知の世界にあるその人の潜在エネルギーの結果として結びついていきます。

すなわち、それは奇跡ではなく、人間に与えられた潜在能力そのものだという事です。まさにそれは、それぞれの個が居合わせた、自分と宇宙の時空の調和・融合によって与えられているエネルギーであり、60兆個の細胞に刻まれたそれぞれの個に存在するメッセージと合致した時に発揮される潜在能力とも言えます。そう考えざるを得ないのは、人間は地球の創造物であり、限られた時間しか生きられない寿命という時間を有するからです。

そしてその本質に最も迫るのは「気」というエネルギーによって瞬時にその人にとっての不可能が可能になるという事実です。

人は、自分が持つ器の大きさでしか能力を発揮できません。すなわち、横着や知識偏重によってつくられた器と謙虚さや未知の世界に対し畏敬の念を持って生きている人の器とでは、人間としての桁が違うという事です。後者の器こそが、生かされている存在として潜在能力への気づきへとつながり、未知に対するスピード、すなわち未来に対しての歩みを加速させ、人間として充実感に満ちた人生につながるのではないかと感じています。

対立のない調和の時空をつくり出す気

器の小ささは対立を生みます。器を小さくしているその要因の一つが、まさに現在主流となっている知識偏重主義であり、人間としての横着さや無関心などです。これらはとくに文明が生み出したものとも言えます。地球があるからこそ、我々は存在しています。今年（2013年1月）訪れた、12世紀に隆盛を極めたと言われるカンボジアのアンコール・ワットには、遺跡そのものの偉大さにも大変感動しましたが、それ以上に、当時の人間の次元の高さに驚きました。それは、カンボジアの世界遺産アンコール・ワットの壁画についての解釈説明によく現われていました。以下にその内容を紹介します。まさに人類がどうあるべきかを示す警鐘的内容であると思います。

〈アンコール・ワット壁画の教えより〉

アンコール・ワットの第一廻廊に多く表現された主題、戦争の場面は、この人間界での人間に備わる両面性を説く。すなわち、人間には善性と悪性とがある。善性とは神的デーヴァ的人間の性格を言い、一方、悪性とは悪魔（魔族）的、アスラ的人間の性格をさす。この両者は共に永遠に人間界に共存する。そのアスラ的人間は三悪たる色慾、憤怒、貪婪でもって、デーヴァ的人間及びアスラ的人間に対戦し、戦争を引き起こす。これは人間の外面の現象であり、今後もこの地球で生じる悲惨さと破滅である。

この外面の現象——たとえば戦争をくい止める方法は、各人の内面に委ねられている。いいかえると、各人の内面にある心の選択によって、善人とも悪人ともなる。人間は本来、善であるが、それを覆う心が先の二種を生みだし、ある時は善人となり、

ある時は悪人と化す。そこで、このあいまいなる心を調節、抑制する事が大切である。すなわち、意識を善性——愛に向ける事が常に大切である。それと同時に、善性に反する悪面に直面したら、常に対戦せねばならない。この悪性とは先に述べた三悪の事だが、簡単に言うなら、人間がもつ嫌悪感、憎みである。
一般人間の各人の心の中には、この両面性を常にもつ故に、各人は先の悪性アスラ的性格に対戦せねばならない。それは外面に現われた戦争行為では決してなく、心の中に生じた悪意へ対戦せんとする戦いである。この心の修正、もしくは浄化せんとする対戦の大切さを、アンコール・ワットの大壁画はヒンドゥー教神話にある戦争場面を通じて、主に

説いていたのであろう。

いいかえると、「人生は戦いである」というのは名言であり、戦いとは各人の内面について説いているのである。決して外的な現象――戦争行為を推奨したものではない。壁面の浮彫壁画は一見するに、そのような戦争を想起させるが、それは壁面を見る各人が、意を浄め、意識を神に向けて、善（慈愛）業をなせ、と説いた造型表現である。

そうであれば、この世の人間には常に幸運と繁栄とがあると教え、またそれに反する逆の三悪に支配される者は、衰退、破滅があると説く。壁画は常に平安を希求している。実にアンコール・ワット芸術は、偉大なカンボジアの文化遺産である。

（『アンコールワットの彫刻』伊東照司著　雄山閣）


「気」とはまさに、この人間としての内面の戦いにおいて、善性に向かわせるエネルギーだと言えます。すなわち調和であり、愛であり、利他の行動です。

また、相手に気を送ると相手が一瞬にして同じ事ができるようになるという実践検証からも、それは人間誰もが持っているエネルギーである事がはっきりしています。

「気」のエネルギー、「気」の存在がいかに素晴らしいものであるかは、本書で実証している事例からも、その一端を感じていただけるのではないかと思いますが、その究極にあるものは、人に対して、自然に対して、あるいは自分自身に対しての「調和力」です。すなわち、対立や衝突や争いのない時空を創り出す力です。それは愛であり、思いやりであり、利他の行動であり、共存共栄であり、平和です。

まさに、その争いのない平和へのプロセスと、そこに向かう気づきと、内なる戦いを「気」は教えてくれていると言えます。

この事がもしかすると、よくなされる、「気はどうしたらできるようになるのですか」という質問の答えかも知れません。

２０１３年5月吉日

宇城憲治

第一章

気と統一体——人間力開花の本質

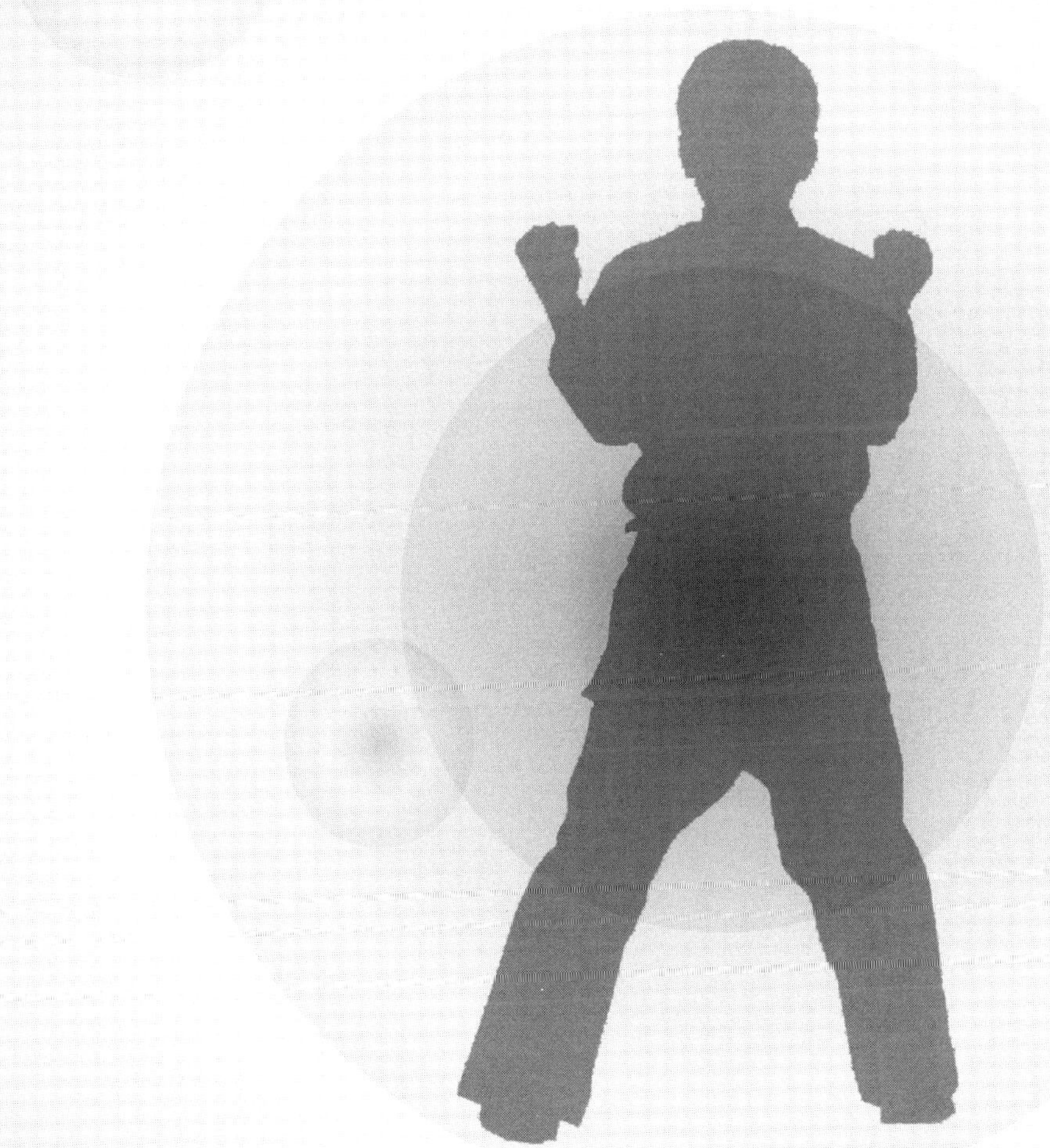

サンチンの型

人間力開花と統一体

人間にとって思考の基本となる教育、そして身体の基本となる体育、そして人間としてのあり方としての道徳は、我々個人にとって重要な要素であります。とくに、小学校、中学校、高校の教育、体育、道徳は、子供たちの将来に、ひいては日本の将来に大きな影響を与えるものである事は間違いありません。しかしながら、それらの内容は、ときに人間に備わっている本来の能力を引き出すに至らない場合があります。とくに今の教育が、暗記を中心とした詰め込み型知識偏重にある事、またスポーツにおいては西洋型の筋力主体、すなわち筋力トレーニングによる強化や勝敗主義を主体としている事、これらは全て本来の人間が持っている個の潜在能力を引き出すのではなく、逆に閉じ込め蓋をしているという事があるからです。その結果、現在、教育やスポーツの場において、大きな矛盾と課題が顕在化してきています。

それらの課題の根源にあるものは、その本質が全て分析を主体とした部分体の捉え方となっているという点です。すなわち生命体として本来「ひとつ」として捉えられるべき人間を、部分を統合した全体として捉えているのです。そのあり方は、たとえ部分的には正しいと考えられても、全体として見た時は、大きな間違いである事が多々あるのです。例えば、ロボットであれば、部分体の集合ですから部分の誤りは即全体の誤りとして、いろいろな形でその現象が現われるので、その誤りの箇所を直していく作業ですみます。しかし生命体としての人間は、たとえ部分的には良いとされ、しかし全体から見ると非合理的な分析知識の方法でも、生命体としての人間の身体構造がそれらを補正して、全体としてはまともに動く事ができるという、ロボットとは桁違いな仕組みとなっているので、そこに部分分析の課題点が見えてきません。この矛盾はいろいろな方法で検証できます。もっとも我々人間が生まれるまでの仕組みを見れば、その矛盾は容易に理解できることです。

我々はお母さんのお腹で受精し、1ミリにも満たない受精卵が細胞分裂を繰り返し、わずか10ヵ月の間に構造上完成形の人間となって生まれてきますが、その仕組みからして、部分の集合体であるロボットのようなあり方は絶対にあり得ないのです。それは、人間は最初から生命体として、すなわち統一体として存在しているからです。ですから、部分分析のあり方を人間に適用する事自体、人間の潜在能力を発揮できなくさせる要因ともなっているのです。

こうした部分分析へ向かう課題の答えとして、現在私は、人間誰もが本来持っている潜在能力を独自開発の「気」による方法で引き出し、これまでの常識ではあり得なかった身体の変化、発展を体験してもらい、まず現状の自分への問いかけをしてもらっています。すなわち自らの「気づき」です。

この気による一瞬の変化とは、自分のなかに気によって「できる自分」と今の「できない自分」が同時に存在するという矛盾の体験とも言えますが、決してそれは矛盾ではなく、本来「できる自分」のほうが正解なのです。逆に言えば、今の自分のなかに「できない自分」をつくってきた環境や要因があるという事です。あとで詳しく述べますが、「できる自分」とは「統一体」の事であり、「できない自分」とは「部分体」という事です。

この「統一体」と「部分体」という事は、何も身体動作だけではなく、思考においても同じことが言えます。すなわち、開かれている思考、心は調和・融合として統一体につながり、閉じている思考、心は対立・衝突として部分体につながっていくという事です。それほどこの「統一体」と「部分体」の位置づけには大きな差があります。

「統一体」とは、人間が本来あるべき姿のことを言い、大きく言えば、地球上の生命体として全ての共存共栄に向かう「調和する身体」のことを言います。すなわち地球の創造生

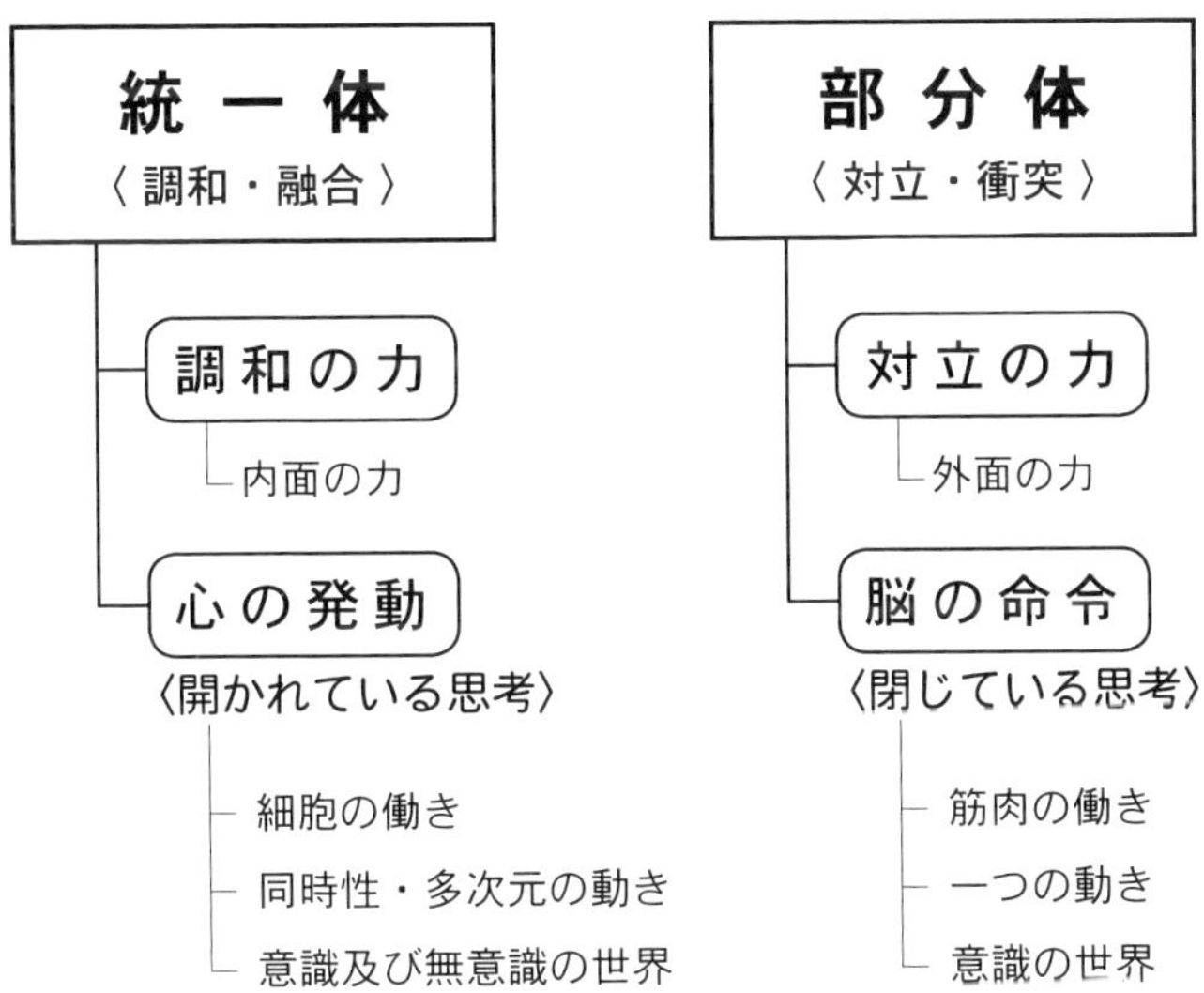

図2．人間力を開花させる統一体と真逆にある部分体

命体として生かされている存在であるという事です。それは、全てを部分的に捉える部分分析型のあり方ではなく、60兆個の細胞からなる生命体としての人間であると捉えるあり方です。

人は誰でも母親の胎内で受精し生命を得て、その受精卵から細胞分裂を繰り返すなかで、目や耳、口、手、足、内臓など人間にとって必要なものを形造っていきます。それは、1ミリにも満たない、まさしくこれ以上分けようのない一つの受精卵という無から有としての生命です。すなわち人間は10ヵ月後には60兆個の細胞を持った生命体として完成していく「ひとつ」の「統一体」であるという事です。

人間力と心

「人間力」とは、ひと言で言えば「心あり」に比例していると言えます。すなわち「心のあり方」が人間力をコントロールしていると言ってもいいと思います。その「心のあり方」の重要性は、戦国時代、江戸時代、幕末の、武術の究極において、その絶対の条件として説かれています。心に刃を乗せて「忍（しのぶ）」と書くように、「戦わずして勝つ」、すなわち、斬る刀を抜かずして勝つという境地まで極めた無刀流（明治時代初期に山岡鉄舟が開いた剣術流派）の極意は、武術の究極、すなわち人間の究極を極めていったそのシステムとともに、その究極にあるものが何かを教えています。刀を腰に差すという状況そのものがすでに、生と死を常に無意識にも意識せざるを得なかったからこそ、人間としての究極のあり方が必然的に見えてきたのではないかと思います。戦国時代から江戸初期にかけての剣客・伊藤一刀斎《いとういっとうさい》の極意書の最後に記された言葉、「究極は『真心』である」は、まさに心のあり方を示しています。

真心が死語になりつつある今に照らし合わせてみると、人間力の低下や堕落も理解できると思います。だからこそ「刀を腰に差せ！　それだけの覚悟を持て」という事です。

人間が生きられる寿命は平均的に80年。40億年という地球の年月からすれば、点にもならないような時間の人生。有限時間の人生を平和で幸せに生きるという事、すなわちこの母なる地球上で共存共栄かつ、利他の行動に向かってこそ、意義ある人生であり、人間の成長ではないかと思います。

人間力回帰システム

ものごとが１８０度変わる事をたとえてよく使われる表現が、「コペルニクス的転回」という言葉です。コペルニクスは太陽が地球の周りを回っているとする地球中心の天動説が主流だった17世紀に、地球が太陽の周りを回っているとする天体観測に基づく地動説を唱えた事で知られていますが、その説は、のちに望遠鏡を製作したガリレオ・ガリレイによって支持されました。しかし、教会は聖書に反するとして、ガリレオを宗教裁判で有罪としてしまいます。そのためこの地動説が人々に受け入れられるまでには、相当な時間を要しています。

いつの世も、変化については大なり小なりこのような事が起きます。それまで常識とされていた事が誤りだと分かっていても、それが覆される事に多くの人は不安と抵抗を感じるからでしょう。とくにそうした「常識」をベースとする組織がそれを認めるのには時間がかかります。その内容の正しさよりも、組織の土台が根本的に崩れる事に不利益を生じるが故、相当な抵抗を感じるからでしょう。

このように様々な要因から、事実というのは、たとえそれが正しくても認められず、間違った方向に向かう場合もあり得る事を歴史が示していると言えます。また皮肉にも、その答えも歴史が教えてくれているのです。

私は、現在の教育とスポーツがもたらしている状況というのは、その本質において、この天動説、地動説と似た状況にあるのではないかと考えています。現在のスポーツでは全てが部分分析型の筋力トレーニングが常識となっており、部分体としての鍛え方が奨励されています。しかしそういった強さは真の強さとは決して言えません。そもそも、強さとは何でしょうか。

これまでのスポーツの常識であれば、20代、30代で華々しく活躍したとしても、その後ピークを過ぎれば現役である事はあり得ません。

このように現在では、ほとんどの人が強さ＝筋力であると捉え、あるいは条件付きルールという部分体化したなかでの勝ちを強さと考え、それを常識として疑う事けありません。しかし、私がこれまで提唱している人間本来の生命体の身体のあり方である統一体は、この強さの概念を根底から覆すものです。それは、この統一体そのものが、頭の理論や精神論からきたものでなく、身体から導き出された一つの真実であるからです。

現在私が展開している武道においては、初心者のほか、あらゆる流儀会派の経験者や指導者、チャンピオンクラスの人間や有段者が入門してきています。そこにあるのは、「年齢」や「性別」「経験の有無」や「流儀の違い」などを言い訳にする必要のない本質です。また、オリンピック選手をはじめ、あらゆるスポーツの現役プロ、アマの選手や監督・コーチなどの指導も展開していますが、そうしたジャンルを超えた指導ができるという本質こそが、まさにこの統一体にあるのです。私は、この統一体というあり方のなかにこそ、人間の本来あるべき強さが内在していると思っています。

「気」というのもこの統一体の身体にあってはじめて自然に宿るものであり、あらゆる生命体はその「気」によって地球とつながっていると考えられます。この地球から生まれた、地球の創造物である我々が、地球から受け取るエネルギーこそ、本来の「強さ」であると考えるからです。そういう考えに至ったのも、今の常識では不可能と思われるような事が気によって一瞬にして誰もが可能になるという実践事実からです。

しかしながら、長年従来の筋力的な強さを求め部分体一辺倒できた人たちの多くは、「地球が太陽の周りを回っている」という事を容易に受け入れられなかった教会同様、この事実を受け入れがたいと感じているようです。

しかし歴史という大きなスパンで見たらどうでしょうか。あれほど受け入れに抵抗のあっ

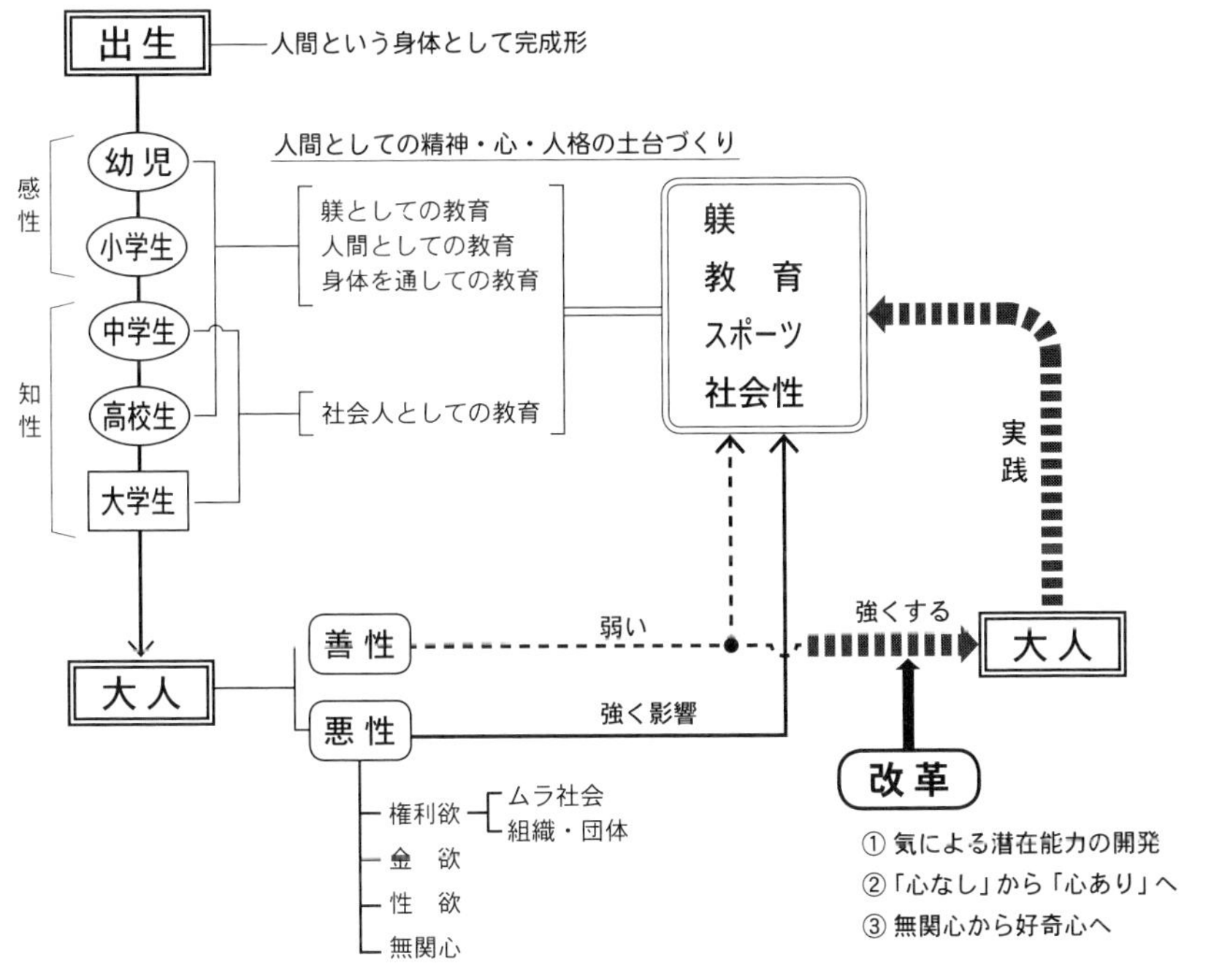

図3．現在の悪しき流れと人間力回帰システム

た地動説が、いまや当たり前の事実になっています。それは、コペルニクス以降の科学者たちが、星を見、月を見、自然を徹底的に観察して、そこにある宇宙の法則を見い出していったという事実が背景にあります。すなわち、宇宙の法則にある真実を見い出し、真実は真実として世に問い、世をリードしていったという事実があるのです。

それは人間についても同じです。人間そのものを小宇宙として見るなら、そこにある宇宙の法則、すなわち自然の理をあてはめれば、そこに真実を導き出す事ができます。人間の真実とは何でしょうか。今の常識とされている人間の筋力的な強さを人間の強さと言うならば、同じ生命体であるライオンや象などの動物が、トレーニングやストレッチをしなくても十分強く、しなやかであるという事実は何を示しているのでしょうか。人間だって筋トレをしなくても、自然体の統一体であれば強いのです。そして人間には人間としてのもっともっと素晴らしい力を生み出す方法があるのです。それこそが「気」によって一瞬に不可能が可能になる実践事実によって発見した人間の法則、すなわち統一体です。

統一体と部分体に見る差

この、統一体の身体が部分体の身体よりもはるかに強いという真実を、いくつかの実践検証例で紹介します。

身体の強化トレーニングとして最も常識的な筋トレは、負荷を可変できる機械装置などを使用して身体の各部位の脚力、腕力、腹筋力、背筋力を単独に強化するものであり、まさに典型的な部分体の強化方法です。そして、このような部分強化方法が実際どれだけ逆に身体を弱くするものなのか、またどれだけ課題があるかを**写真1**の部分体の例、**写真2**①②③④⑤の統一体の例、そして**写真3**の第三者に気を通した時の例をそれぞれあげて示していきます。

写真1

椅子に座っている人の両手両足を動かないように4人がそれぞれ掴み押さえます。まず足を上げます。しかし押さえられている力に負けて足は上がりません。また握られている手も相手の強さに負けて動かす事ができません。それどころか、足を上げようとする時は手に、手を下げようとする時は足に、という具合に、他の掴まれている所を支えにします。これが完全な身体の居つき現象です。同時に身体の呼吸が止まります。

すなわち硬くなります。これがケガの一つの要因にもなります。この時、身体全体からすると手足がばらばらになり何もできない状態となっています。さらに、前から杖で腹を押さえられると、何もしない状態の時は少々痛くても耐えられますが、足や手を動かそうとしたとたんに、腹は耐えられぬほど痛くなります。

すなわち、意識の命令で動かす方法は一つの事しかできないので、手は手、足は足、腹は腹という具合に全てがばらばらで、かつ意識した所以外の部位には意識がいかないので、無力無防備の状態になるのです。まさにこれが部分体の典型的な事例です。この事が部分トレーニングの課題を裏付け、示していると言えるのです。

写真1

まったく身動きができず、かつ杖を押し込まれた腹は耐えられぬほど痛い

写真2

①気が通っている身体だと、全てが同時にでき、押さえた人をいっぺんに跳ね除ける事ができ、かつ腹はどうもありません。

写真2

①気が通っている統一体だと、どこにも居つく事なく、腹の痛みもなく、瞬時に同時に全員を跳ね除ける事ができる

仙台道塾

以上から言える事は、意識しての身体動作は二つ以上の事が同時にできないという事です。何かしようとすると意識がそこ一点にいき、そこに居つく結果、意識がいっていない所は何もしない時より弱くなります。この状態がまさしく、今のスポーツトレーニングや筋トレに見る部分体のあり方とも言えます。従ってそれは根性や気合で補えるものでない事ははっきりしています。腹が弱いから腹筋を鍛える、足が弱いから足だけを、手が弱いから手だけを鍛える、などというように、部分を鍛えれば鍛えるほど、単純に言えば、まるでロボットのようになってしまうのです。ロボットはどんどん人間に近づいてきているのに、人間はどんどんロボット化していっている。まさに人間力の本質から離れていく状況になりつつある事は、皮肉な事であると言えるかも知れません。

一方で、身体に気が流れると統一体となるので、身体は強くなり、かつとんでもない力を発揮できます。さらにいくつかの例を紹介します。

②二の腕を3人が杖で押し込む。通常は痛くて耐えられませんが、気が通っている統一体であれば、簡単に3人を倒す事ができます。後ろから押しても、重力に支えられているので、椅子が動くことがない事を示しています。また杖で押さえた所の腕にあざが

②一番力の入らない二の腕に杖を押し込まれても、瞬時に跳ね除ける事ができる

③太ももに押し込まれ…跳ね除けている

残る事もありません。

③太ももに杖を当てた検証をしても同じです。

④手の平だけでやる検証でも同じ。居ついていないので、もう一方の手を掴まれても同時に対応できます。

⑤腹を3人が杖で押さえる。通常だと痛くて耐えられないところを「身体は内なる気に応じて動き、気は心の向かう所に応ずる」（六章参照）を実践しているところ。

写真3 第三者である塾生に気を通し、写真2①と同じ事をさせているところ。

④右手の平は杖で押し込まれ、左手は握られているのを瞬時に跳ね除ける

⑤腹に杖を押し込まれるのを、跳ね除ける

写真3　第三者に気を通す。気を通されると、全てが同時に動き全員を跳ね除ける事ができる

拙著ではこのような事例を紹介したり、誰でも簡単にできて納得できる検証方法などを紹介していますが、多くの人がいまだに部分体であることの危険性に気づく事ができない、あるいは受け入れる事ができないでいるのは、すでに統一体とは真逆の「部分体としての身体強化・思考」となっていて、実際に統一体を体感しても素直に自覚する事ができなくなっているからかも知れません。

子供にできて　大人にできない力

そんななか、人間の本来あるべき姿を教えてくれているのが赤ちゃんや子供の身体です。赤ちゃんや子供は大人より弱い存在と考えられがちですが、実は時にまったくその逆で、子供のほうが大人よりもはるかに強いエネルギーがあるのです。まさに「子供にできて　大人にできない」というほどの差です。これまでの〝常識〟とされている事を根底から覆す内容ですが、次は実際にその事を示す検証例です。

写真4 はがっちり組んだ男性のスクラムを、大の大人が押してもビクともしないのに、

写真4

大の大人が押してもビクともしない

6歳の子供が押すとスクラムが動き出し…

スクラムが崩れていく

東京親子塾

子供がそれをなんなく押し崩しているところです。すなわちこの例は、大人のような筋力がない子供の押す力の本質が、大人の筋力的な力とはまったく異次元にあるという事を示しています。それこそがまさに子供が持つ「調和力」です。そしてこの「調和力」こそ、自然体として子供に備わっている潜在能力であり、その根本にあるのが「統一体」です。それは、子供の無邪気さゆえに、地球のエネルギーを身体を通して無意識に使えているということです。すなわち人間は生まれながらにそのような力を持つ地球の創造物である事、小宇宙としての「完成形」であることを、子供が証明してくれているという事です。

大人が押す事ができないのは、「押す」際にどうしても「押そう」という意識が働くからです。この「何かをやろう」とするあり方こそが力の対立や衝突を生み、身体を部分体化させ、弱くしてしまうのです。もともと衝突する心を持たない子供には、自然体として備わっている調和力があり、これが働いた結果、押すことができているという事です。

また**写真5**の検証も子供の能力の一端を見事に示しているものです。大人の女性がいくら押しても崩れない集団を、わずか6歳の女の子が大人に触れて応援することで、崩す事ができています。

これは、その子供の自然体の調和力によって、大人は触れてもらうだけで、その調和力

写真5

大人がスクラムを押しても動かない

子供が押している大人に手を添えるとスクラムが動き出し…

崩れる

東京親子塾

を自分に映しているからです。それは、子供だけでなく、お腹に子供を宿している妊婦さんでも同じです。まさにこの例は今の常識では考えられない事ですが、これが真実です。逆に大人ができないのは、子供から大人になっていくプロセスにおいて、そのような力を失わせる環境があるという事です。この事は現在早急に気づかねばならない重要な課題です。なぜならそのような力を失った大人は、子供に備わっている能力に気づけなくなるからです。気づけないだけではなく、その能力を押さえ込み、かつ二度とできないようにさせてしまうからです。これは何も身体的なことだけに言える事ではなく、思考的な面、すなわち学習教育面においても言える事だと思います。

ここで紹介した事例は、何か特別な子や特別な状況という事ではなく、どの子がどんな大人を相手に行なっても見られる実践事例です。しかしながら、子供といえども、仮に「押せ」と大人に命令されると、とたんに押せなくなります。このようなプロセスこそが、せっかくの子供の能力を潰し、次第にできなくさせていく要因であるのです。まさに、現在の教育や運動としてのスポーツの課題がここにあると言えます。

写真6
常識では考えられない人間鉄棒

東京道塾

統一体に秘められた力

何でも知識優先で、身体で感じる前に頭が働いて、子供のように素直に何かをやる事ができなくなってしまった部分体の大人は、人間にもともと存在している潜在能力に気づけず、本来の身体能力を発揮させる事ができません。そこで私が主宰している道塾や実践塾で行なっている一つの方法が、こちらから気を送る事によって、その人に「できなかった事を一瞬にしてできる」を体験をさせ、自らが持つ本来の能力に気づいてもらうというものです。

例えば気を通す事で、写真6のように腕が一瞬にして強くなり、常識では考えられないような人間鉄棒となって人を乗せ、そのまま移動する事ができるといった体験や、写真7のように気を通された女性が、複数の男性を相手に腕相撲で勝つといった実践を行なっています。これは誰が強いか弱いかという比較ではなく、人間、すなわち自分のなかに眠っている力の発掘です。塾生たちは、「まったくできなかった事」「できるとすら思いもしなかった事」を実際に気によって「できた」を体験し、それまでの「できない自分」との違いに否応なしに向き合い、自問自答を始めます。そして今の自分がどう変わっていかなくてはならないかを模索し始めるのです。

まさに進歩・成長とは、自分のなかの常識を超越した変化から、その第一歩が始まるという事であります。

写真7

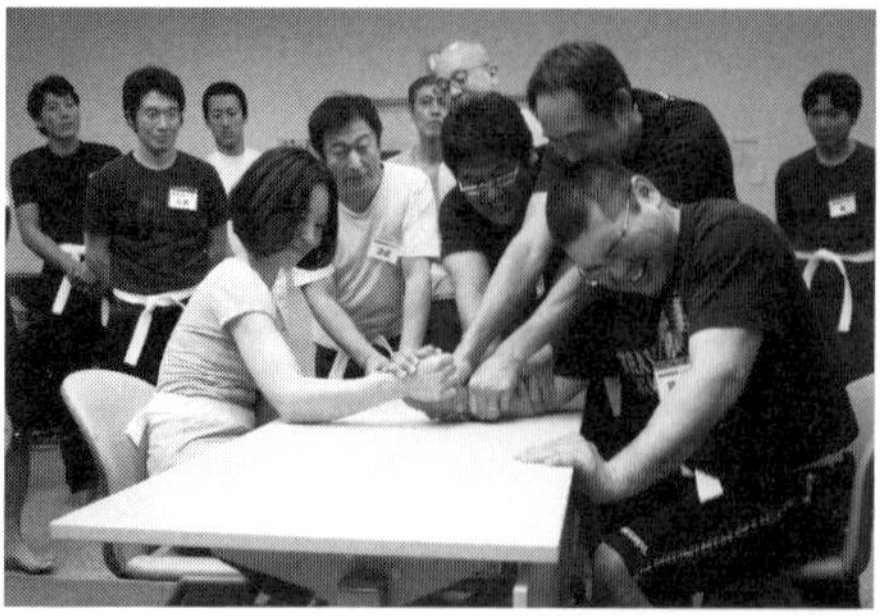

常識では考えられない1（女）対4（男）の腕相撲

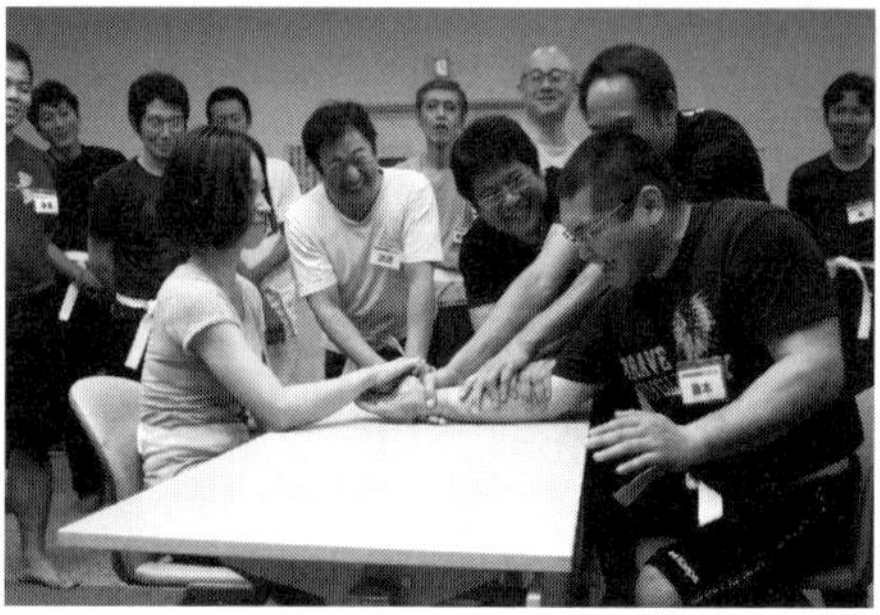

見事引っくり返されている男性陣

東京道塾

気の連鎖

統一体は身体が生命体として一つであるという事ですが、この生命体に気が流れる事で真の統一体となります。気の通った統一体には、対相手に対して調和力というエネルギーが生じます。ここでは調和力の次元を示す別の実例をあげます。

写真8は、気で投げられると、投げられた人が他の人を投げ、さらにその投げられた人がまた他の人を投げる事ができるという具合に、その気はずっと伝播していく事を示しています。かつ、投げられる ↓ 投げる ↓ 投げられるの連鎖は「優劣のない高い次元」にある事の一端をも示しています。

ふつう武道では、投げられたら、「やられた」となって「それでおしまい」になってしまいますが、気で投げられた人は、実はそのまま気を身体に取り込んでいるので、投げられた状態のまま、別の人を投げる事ができるのです。さらに投げられた人がまた別の人を投げるといった具合に、気が途切れない限り、それは5人でも10人でも50人でもずっと続きます。この事実は、これまでの投げたら「勝ち」、投げられたら「負け」の概念を根底から覆すものと言えるでしょう。これが調和力の次元です。すなわちどちらが有利か、不利かという次元ではなく、現在の常識からすればあり得ない、「どちらも強い」という次元にまで高められているのです。

こういう次元を体験すると、「対立、衝突」というものがいかに次元の低いものであるかに気づく事ができるのです。気を取り込んでいる身体が「対立、衝突」の反対にある「調和、平和」にあるという気づきは、まさに人間がこの地球上に生かされている存在である事を示しています。すなわち、あらゆる生命体の共存共栄こそが、日常に、そして日本、世界の平和にどれだけ大きな希望となるかを示唆しているという事です。

対立の本質にある弱さ

この神秘に満ちた地球という存在、そしてその地球上で限りある生と時間を与えられて存在している人間。世界では、これまでの歴史も含め、いまだに争い、殺し合いや戦争が続いています。まさにこの事は、アンコール・ワットの壁画に記された、人間に潜む善性と悪性との内なる戦いにおいて、悪性が勝てば、それが外観としての争いや殺し合いになっていくという事を表わしています。本来人間は善性を持って存在するも、そこに「欲」と

写真8

投げられる

投げられた人が、他の人を投げる

投げられる↓投げる↓投げられる…の連鎖が起きる

仙台道塾

いう悪性が常にしかも永遠につきまとう、だから、人生とは「悪性に勝つための内なる戦いである」と記されているのです。

今、ここで「対立」と「調和」を別の視点から捉えてみます。

写真9は対立した集団と対立しない集団がどう違うかを示す実践検証例です。ただ立っている人間の集団はそれだけで集団力を発揮し、押しても簡単には崩れません。正面から押しても横から押しても強いです（対立していない）。ところがこの集団の人たちが「押された時に押し返そう」と内面で思ってみます（対立する）。すると正面から押された場合は、以前よりも強くなっていますが、横から押されると簡単に崩れてしまい、非常に弱くなっている事が分かります。

すなわち、どこかと対立している状態にある時は、その向き合ったところでは、一見強くなったようでも、別の方向から、——この場合、横からですが——押されると弱くなってしまっているという事なのです。

写真9

① ただ立っているだけの集団は、どの方向から押しても強い

② 集団が押し返そうと内面で思うと、正面に対しては①よりも強くなるが…

③ 側面からだと弱く崩れる

岡山道塾

また写真10は、お互いが向き合って肩をがっちり組んでいる状態を示しています。その時2人が相手を倒そうと内面で思います。外見上はまったく変わりません。その状態で第三者がその2人を押すと簡単に崩れます。しかし、今度は向き合った2人がハグするような気持ちでいると、第三者が押してもビクともしません。

このように人間の力というのは内面が先行して生じるものである事が分かります。これが人間に与えられた神秘の強さとも言えるものです。その本質は、「対立している状態は弱い」という事です。外面で、すなわち言葉や外見でいくら強がっても、内面、すなわち心の状態によっては弱くなる事を示しています。

共存共栄や利他の行動といった人間としての大自然の法則に従ってこそ、無意識あるいは深層意識下でそれが最優先されて人間が強くなる。この事こそが、真の人間力が培われる事実であり、真実を示すものと言えます。

（この写真9・10両方の検証において、気を通すと、内面のいかなる状況下においてもさらに強い状態になります。これは気が全てを超越するということを示しています。）

写真10

2人が向き合ってがっちりと肩を組む

スクラムの一方あるいは両方が、内面で対立の意識を持つだけで弱くなる

スクラムのお互いがハグするような気持ちでいると強くなる

東京道塾

幕末の日本人に見る人間力

この人間力の根源にある本質は、幕末の頃の日本によく現われています。侍は大小の刀を差し、抜けばどちらかが死に至るという、すなわち、「負けは即、死」を意味する場に身を置くなかで、そこには必然的に刀を抜く前に勝負を決めたいという、そのための「戦わずして勝つ」という高い次元の世界がありました。そういうなかで培われた心身は、人間としての個のレベルを高め、たとえ当時長い鎖国にあって開国をさせられた時期であっても、世界に対し充分に対応できる力があった事を証明しています。

当時は刀を差した侍だけでなく、庶民一人ひとりも強く平和な心を持ち、芯のある生き方をしていました。アメリカやヨーロッパが日本を植民地にできなかったのも、日本の文化が高かった事に加え、一人ひとりの能力が高かった事がその理由にあったと言われています。まさにそこにあったのは本来人間に備わっている統一体であり、その統一体が自然に発揮できていた所以《ゆえん》であると思います。まさに今こそ、幕末の日本人が示した統一体としての心身と、その心得と修行が必要な時ではないでしょうか。

最後に、幕末の頃に日本を訪れた外国人が、日本人の調和力、美徳、品性に驚いている様子が記録された資料があるので、以下に抜粋して紹介します。（『鉄砲を捨てた日本人』ノエル・ペリン著　中公文庫より）

「私はいたるところで子供たちの幸せそうな笑い声を耳にした。そして、一度も生活の悲惨を目にしなかった」

（ヘンリー・ヒューストン　アメリカ公使館第一書記　一八五七年）

「人々はみな清潔で、食糧も十分あり、身なりもよろしく、幸福そうであった。これまでにみたどの国にもまさる簡素さと正直さの黄金時代をみる思いであった」

（タウンゼント・ハリス・アメリカ総領事　一八五八年）

「私は平和、裕福、明らかな充足感を見出した。またその村落はイギリス村落にもたち勝るばかりにこの上なく手入れがゆき届いており、観賞用の樹木はいたるところに植えられていた」

（ラザフォード・オールコック　一八六〇年）

「日本に行く目的が文明国にするためである、というのは真実から遠い。なぜならば日本にはすでに文明が存在しているからだ。（中略）それでは、日本国民の幸福の増進をはかる目的で行くのかといえば、これも違う。なぜかというと、日本国民ほど幸福に充ちた国民は他に存在しないからである。わたくしたちは貿易によって利益をあげるという目的以外はもっていない」

（エドワード・バリントン・ド・フォンブランケ将軍　一八六一年）

「外国人は日本に数ヶ月いた上で、徐々に次のような事に気がつき始める。すなわち、彼らは日本人にすべてを教える気でいたのであるが、驚いたことに、また残念ながら、自分の国では人道の名において道徳的教訓の重荷になっている美徳や品性を、日本人は生まれながらに持っているらしいことである」

（エドワード・S・モース　一八七七年）

宇城塾 受講者の声

「調和」の力こそが今、必要とされる大切な力

（宇城道塾　石川　教員　44歳　男性）

気を通すことで、さっきまで投げられなかった人がいとも簡単に大人を投げ飛ばしたり、背負った人の重さが変化したり、数人がかりで押さえつけている腕相撲がじわじわと押し戻されたりと、話を聞いただけではとうてい信じられない出来事を目の当たりにし、また体験しました。それは「気」が確かに存在しているということを頭でなく、体で理解できた瞬間でした。

「宇宙の95％は未知であり、解明されているのはわずから％にすぎない」。だからこそ謙虚に宇宙とのつながりである「気」の存在を受け入れ、生きていることに感謝することが必要だとおっしゃる塾長の言葉が腹にストンと落ちました。また、気を通してもらうことで痛みが消えたり、相手の力を無力化したりするという体験をしましたが、この「調和」の力こそが、今の教育の現場や社会で必要とされる大切な力ではないかと思います。この力を身に付けるためにも、1日24時間を修行の場ととらえ、「統一体」に近づいていけるよう精進したいと思います。

人々が喜んでくれるような生き方をしたい

（宇城道塾　兵庫　63歳　男性）

気が明らかに存在している事実を、いろいろな方法で繰り返して実証させていただき、普段の生活では全くわからず考えもしなかったような事実を目の当たりにした時には、思わず歓声をあげていました。

小柄な女性の腕を男性五人で押さえた腕相撲では、全く力が無いような女性がその腕をひっくり返したのを見て、信じられないが事実であり、とても嬉しくなりました。見ている全員が拍手していました。

宇城先生のお話も日常生活から政治、宇宙の神秘などの話まで多岐にわたっていましたが、挨拶一つで自分が変わり、周りも変わるなど、本当に世界を変えるには一人革命から始めなければいけないことを強く感じました。また、女性は男性が持っていないような強さを持っている事実を述べられ、私の今までの間違った偏見に気付かせていただきました。狭い視野で物事を見ずに、常に全体を見るような意識を学んでいきたいと念願しています。短い命、人々が喜んでくれるような人になれるように生きたいと決意しています。

頭で考えている心は意味がない

（宇城道塾　東京　卸売業　51歳　男性）

毎回行なわれる検証の実技にはどれも感銘を受けるのですが、今回は特に心に染み入りました。頭で考えてなんとかしようとしている自分と、宇城先生に気を通していただいて相手と調和したときの自分を体験しました。そして改めて身体に気が通り統一体になった身体の凄さに驚かされました。このような体験を通して、初めて目に見えない世界が意識できるようにもなるのではないかと思いました。

実技の合間に言われた「頭で考えている〝心〟は意味がない」の言葉が特に印象に残っています。

（宇城道塾　京都　大学生　21歳　男性）

自分の体にはすごい能力が

今回初めて受講させていただきました。驚くことばかりでした。自分の体にはすごい能力が備わっているのだと気づかせていただきました。自分の体は正直だとも感じました。いくら頭でやろうと考えてもできなかったことが、宇城先生に気を通してもらえば簡単にできるようになります。今まで自分は自分の体に頭で嘘をついていたのかと気づきました。

今回学んだことを日常生活でも活かし、日々自然と調和した統一体に近づこうと思います。

（親子塾　神奈川　45歳　男性）

子供が持つ「調和」から生まれる力の証明

親子塾で感じたことは、やはり子供のもつ能力の高さについてです。

大人だけでは倒すことができないスクラムを、子供が後ろから手伝っただけで簡単に倒せてしまうという事実は、本当に不思議な感じがします。しかし、それは力による「衝突」ではなく、「調和」から生まれる「力」の何よりの証明になっているのだと感じました。
子供の持つその自然な「能力」を親が潰してしまわないようにすることが重要であり、そのためには、親自身が成長する必要があると改めて感じました。

（親子塾　奈良　33歳　女性）

天からもらった子供を守るパワー

親子塾に参加して、ビックリしたというか、今が妊娠時期にあったことに感謝の気持ちが生まれました。子供にしかない力が妊婦の私に存在したのです。
10人近く並ぶ男の人を簡単に倒すことができたのには、それはそれは自分でも「ウワー！」と自然に声が出るほどびっくりしました。お腹の子を守るために天からたくさんのパワーをもらっているということを参加したことで実感でき、実際に感じられたことは本当に驚きです。「こういう感覚で、力ずくでも何でもないすごいエネルギーが子供には備わっている」ということが実感できました。

（宇城道塾　広島　会社員　45歳　男性）

部分体と統一体は天と地ほどの差

まず一番印象に残ったのは、先生が実演されました両手両足を押さえられた状態で、腹に杖が押されてもびくともせず、跳ね返されていた実践です。一方塾生の場合は、両手両足に意識が向くと腹が弱くなり、とても杖を跳ね返せません。簡単に押し込まれてしまいます。ではそれに対してどうするか、腹が弱いのならば腹筋で強くするといった部分的な、頭で考えた行動に至る……まさに部分体が陥ってしまう悪弊を、この実演は示していると思いました。

部分体と統一体の違いをこれまで色々な実演をして頂きましたが、今回のは改めて強く印象に残り、その部分体と統一体の差異にはそれこそ天と地の開きがあると思いました。

確信した、見えない大きな力

（宇城道塾　神奈川　小児科医師　47歳　男性）

実技の時、私も含めた男性４人が、椅子にお座りになった先生の手足を全力で押さえつけていたのですが、先生の気の力でいとも簡単に全員があっという間にはじかれてしまった時の衝撃は忘れられません。私は先生の右足を押さえる役割でしたが、全力で踏ん張っても全く押さえきれないのです。先生の足がまるで重機のアームのような力で瞬間的にスーッと持ち上がってきて、いとも簡単にはじかれてしまいました。４人全員、かなりの力で先生の四肢を押さえつけていたはずなのに、周りの人にはまるで無力であったように見えたと思います。元来頭が硬く、とにかく体験しないと理解が進まない私にとって、この時の気の体験は、言葉での説明が難しいのですが、宇城先生の体には見えない何か大きな力がしっかり通っていると確信できるものでした。

第二章

気と科学 ——科学に先行する気

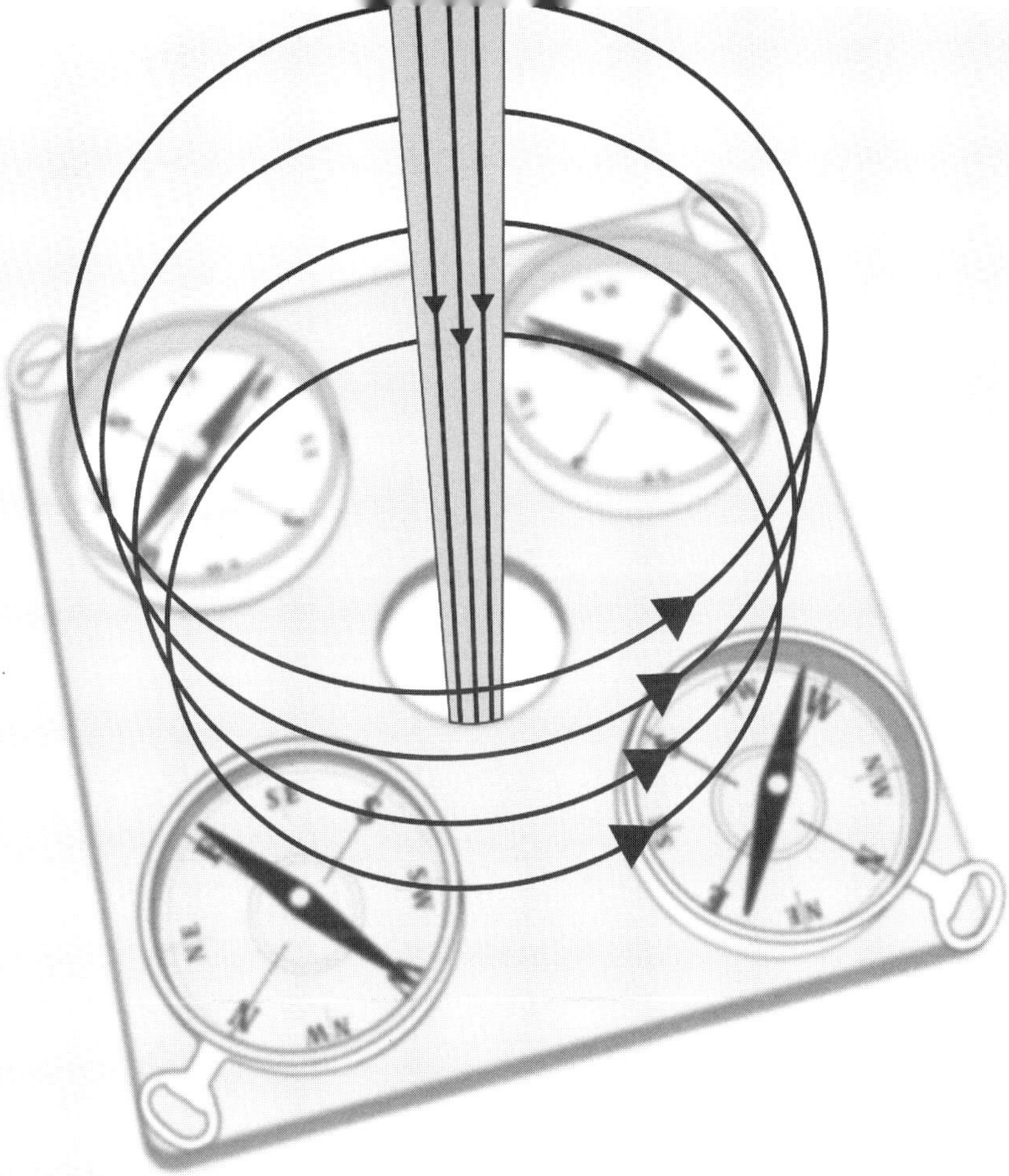

真実が先

生命体の人間は、いつ、いかなる状態においてもすでに完成形として存在しており、その事は誰もが否定できない真実です。科学で解明されるいかなる新発見も、それは「今、科学という手段で新しく分かった」という事であって、それらは元々人間に組み込まれていた事実であり、決して科学で発見された新しい事実ではないのです。知識として新しい事実を知ったということです。

すなわち、いくら科学による新発見があったとしても、その真実については科学が後追いしているのは当たり前の事なのです。しかし、その当たり前の科学よりも先行しているのが、「気」によって解き明かされる真実です。

それは、科学が「分析科学という部分体解明の科学」であるのに対し、「気」によって解き明かされる真実は、「統合科学という統一体解明の科学」であるからです。

分析科学による新発見は、部分の発見としてそれはそれとして生かせる場合もありますが、どちらかというと本来あるべき統一体という真実の姿から逆方向に向かう危険性のほうが高いのではないかと思います。

まさに「気」は、このような分析科学による課題と、統合科学の必要性という真実を深く解き明かしてくれていると言えます。

本書ではその内容を数々の実証事例で示すとともに、分析科学の「仮説」に対し、統合科学では、「事実が先行している」という確証から、その理論に先立つ説を「絶対仮説」と位置づけています。まさに、この「絶対仮説」は、分析科学の課題点と同時に、先行した新しい方向性を示しているとも言えます。

さらに重要な事は、気によって解き明かされる真実、発見、法則は、完成体である人間にとって今、即生かせるという事にあります。それらの法則は、後々分析科学によって、解明される事があっても、それは、「ある事が分かった」というだけであり、その時点、時点の「今」に即生かされる事はないだろうと思います。

なぜなら統一体という生命体としての人間を扱うにあたって、なぜ分析しなければならないのかをあえて述べれば、分析科学は細分化すればするほど、その答えを出しやすいという立場にあるからです。しかしそれは科学の都合であって、人間の身体構造はいくら細分化しても、細分化すればするほど、かえって統合体から遠ざかっていくという矛盾を生じる事になります。それは当然の事ですが、たとえ部分を統合しようとしても統合体には決してならないからです。またそれ以上に深く考えなければならないのは、身体は、それを支配している「心」との関係を切り離して考えることはできないという事です。ましてやその「心」を科学で扱うには、定性的にも定量的にも困難を極めるだけに、何か答えを出さなければならないとする今の科学にとっては、否が応でも部分分析科学に頼らざるを得なくなるということです。しかし、そこから本末転倒も始まるのです。まさに分析科学や筋力トレーニング等を主体としたスポーツの課題もここにあります。

身体がいかに心と結びついているかを示す古来からの教えとして、

「身体は内なる気に応じて動き、気は心の向かう所に応ずる」

「心の発動が　そのまま技となり　形となる」

があります。すなわち武術の極意としての、この身体と心のあり方は、統一体の重要性と身心の一致の重要性を教えており、それは刃を交える生と死のなかから、生への法則を見い出した結果としての教えだと言えます。

人間を分析科学で扱う事によって得られた新発見については、以上のような危険性があるので、よくよく吟味する事が必要だと言えます。それは科学者自身が人間として謙虚でなければならないという事でもあると思います。

細胞の進化

２０１２年にノーベル賞を受賞された山中伸弥教授のｉＰＳ細胞は、様々な細胞への分化再生が可能となるもので、医学界のみならず広く多方面の分野に希望をもたらしました。例えば、目の細胞に異常があり目が見えなくなったとしたら、その目に、正常に初期化された細胞すなわちｉＰＳ細胞を移植する事によって、目の機能を復元できる可能性が生まれるというものです。こうした「元に戻す力」のあるｉＰＳ細胞は、とくに難病には大きな希望となり、奇跡的な素晴らしい大発見だと言えます。

一方で、健全な人の細胞はどういう状態にあるのかという事を考えた時、ただ健全であるだけの細胞なのでしょうか。実はそれだけに終わらない事を細胞は示しているのです。それは細胞の復元力を利用した再生力に対し、「細胞を進化させる」すなわち「細胞の進化」というものがあるからです。この進化した細胞のあり方というのは、例えば目で「見る」

から「観る」への次元の進化です。

宮本武蔵の『五輪書』に「見《けん》の目弱く　観《かん》の目強し」という教えがあります。この二つは同じ目でも「見える」次元がまったく違います。簡単に言えば、目というレンズを通して見るのは、「見《けん》の目」です。見えるものを見る目です。これに対し「観《かん》の目」というのは、見えないものを見る〝心眼〟とも言える目です。とくに武術の絶対条件である、相手が動く前の事の起こりを抑えるなどの高次元の術技は、この「観の目」があって初めてできるものです。

それは「先《せん》を取る」という、武術にとっては絶対とも言える術技にもつながっています。例えば、相手が攻撃してくる。その攻撃を見てから対処したのでは遅く、ましてや刀を差していた時代にあっては、ただ相手の外面の動きを見るような「目」では遅すぎ、遅れをとります。それ故に相手より先に動き、相手に入るという、すなわち先を取る「観の目」は絶対であり、そういう目に必然的に鍛えていく必要がありました。相手の内面を感知、察知する心の「目」がなければ、相手の攻撃に遅れをとり、死につながったからです。

現代の競技武道としての勝負では、いかに相手より速くという、目に見えるスピードでの速さを重視しますが、それでは遅すぎるのです。安全防具をはめた剣道では、ポイント

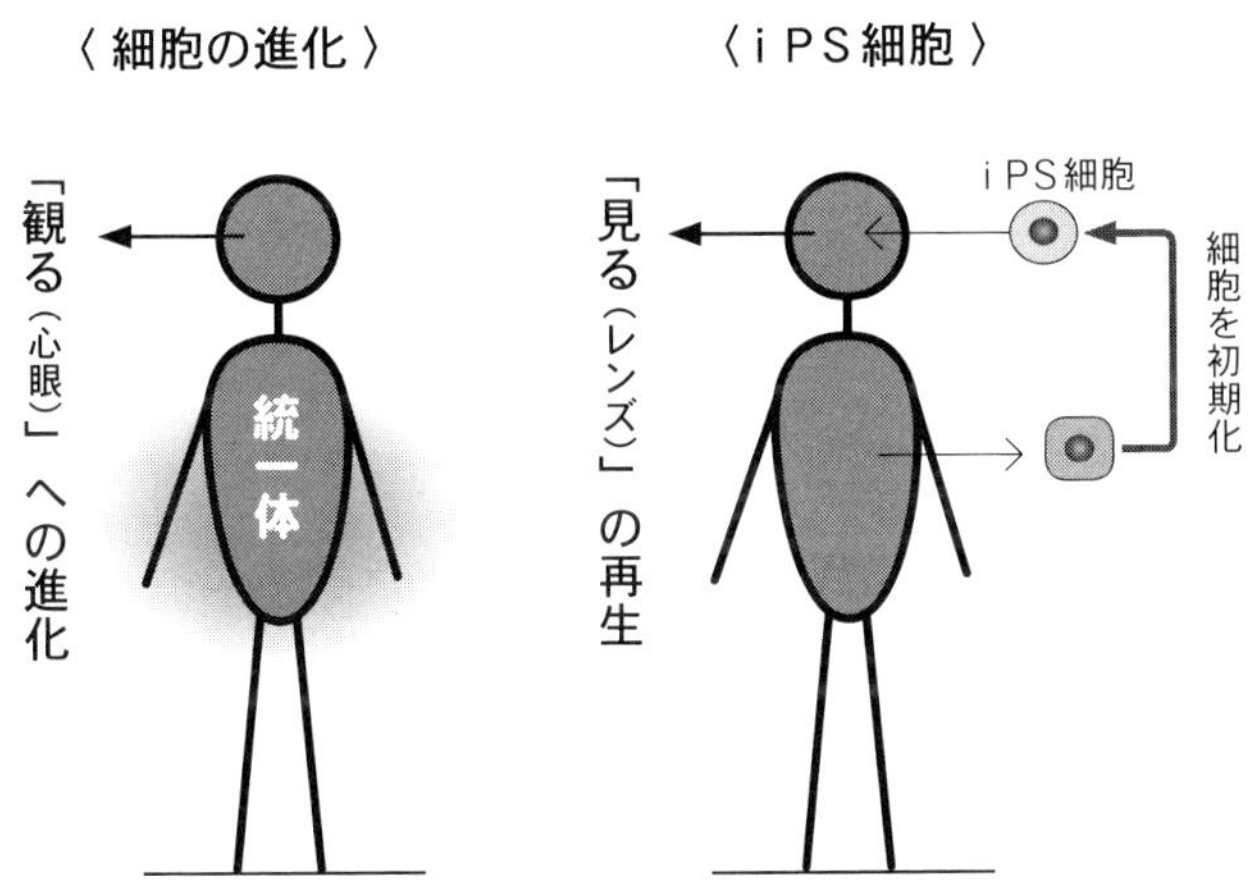

図4．細胞の再生と進化

を有効にかせげばいいので、所詮内面は駆け引きにすぎないものとなります。大事なのは「観の目」に至るような深い次元の目、心に向かう事にあります。

壊れたものを復元するのがiPS細胞ならば、観の目のように、人間の能力をさらに進化発展させるのが細胞の進化です。すなわち人間に内在している潜在能力の発掘です。まさに自分の進歩・成長につながる進化です。

「進歩成長とは　変化する事である。
変化するとは　深さを知る事である。
深さを知るとは　謙虚になる事である」

人間として成長するからこそ、また新たに見えてくるものがあるのです。まさにそれこそが持論としての60兆個の細胞を主体とする統一体というあり方です。

このように統一体は、生まれながらに持つ能力そのものを発揮させるベースであり、この統一体としての細胞の進化は、常識では考えられないような事を可能にします。例えば、竹刀で身体を叩かれたら当然痛いはずですが、細胞の変化によって叩かれても痛くなくなるのです。現在の一般的な常識からすると不思議な現象とも言えますが、こうした目に見えない力を持つのが統一体です。また細胞が進化すると、連なった50人を一人で動かすといったような事も実際可能となります。このように細胞の進化一つで、今ある常識が覆されるほどですが、残念ながら進化した細胞は遺伝していく事はありません。だからこそ文化、伝統、流儀、型、術技、口伝などの形で伝承されていかなくてはならないのです。

これに対して放射線などによって一度破壊された細胞は何もしなくても勝手に遺伝していき、次世代に同じ苦しみを味わわせる事になります。だからこそ、このような細胞破壊は絶対にあってはならないのです。福島原発事故によって明確になった事は、まさに人の幸せより経済を優先させた人災であり、内面の欲を優先させた人間がいかに「心なし」であるかを教えてくれていると思います。まさに人間力の低下です。

後追いする科学

最近の脳科学の分野では、ファンクショナルMRIという、脳内の動きをリアルタイムに観察ができる新技術が登場してきた事により、ここ20年ほどの間に人間の脳の仕組みについての大発見が続き、画期的な事実が解明されてきました（『脳科学からみた「祈り」』中野信子著　潮出版）。すなわち、「人間とは」という事に対する科学的な答えです。例えば、人間の脳には、自分の行動を逐一観察して「その行動が良いのか、悪いのか」を判断する「社会脳」と呼ばれる機能が身体の一部としてインプットされており、その人間の脳は「社会性を持った行動をする方向に自然に調整されている」事が科学的に解明されたとあります。

それは地球の歴史のなかで、これまで数え切れない生物種が絶滅してきているなかで、非力な人類がなぜいまだ絶滅していないかの理由として、人間には「互いに助け合う」という「利他の行動」で快感を覚える脳が備わっており、これが人類が種として生き残っていく唯一の武器であったからと言います。逆に言えば、互いに助け合わずに戦いばかりをしていた集団は、生き残っていく事ができなかったわけです。また、人間の身勝手な自然征服のために「自然との共存共栄」をしてこなかったところは、森林破壊が起き、文明が滅び住めなくなっています。

つまり人間がここまで生き残ったという事実の裏には、「助け合う」あり方を実践してきたからこそ、という単純明快な答があるのです。一章でも示したように、争うと弱くなり、助け合うと強くなるという検証事例は、まさにこの事を証明しているのであり、またそれを歴史が裏付けているという事でありま す。

昨今の技術の進歩によって人間が持つ素晴らしい「社会脳」の事や「利他の行動」といった側面が科学的に実証される一方で、現在、社会の現実が逆方向に加速している面もあるのは皮肉な事です。「人間の身体はあらかじめ正しい答えを知っている」。この事は、科学によって明らかになっていく以前に、身体と心の関係において、すでに実践されているのです。拙著『気の開発メソッド 初級編』や『心と体 つよい子に育てる躾』（どう出版）などで紹介した、例えば、「1＋1＝2」と正しい答えを言えば身体は強くなり、間違った答えを言うと弱くなるという検証でも明らかです。

また身体を鍛え、強くするはずの筋トレが、統一体という生命体のあり方からすればかえって身体を弱くするという事、また相手との対立によっても身体が弱くなるといった事も長年の実践事実で明らかにしてきました。その事実が教えてくれている事は、身体は最初から正しい答えを知っており、身体にとり正しければ勝手に強くなり、正しくなければ弱くなる事を示しているという事です。その事実を今回科学が後追いの形で裏付けたと言ってもいいと思います。

このように科学のスピードが後追いする形になっているのは、それだけ生命体としての人間の凄さを示すものであり、今後科学で明らかになればなるほど、その深さは増していくという事だと思います。

以上の事を踏まえた上で、昨今解明されたとする脳科学と、「統一体」が証明してきた事実を比較しながら、さらにいくつか紹介していきます。

統一体によって生かされる「ミラーニューロン」

１９９６年に発見されたミラーニューロンという神経細胞から分かった事実があります。この細胞は別名を共感細胞と言い、人間には他人と共感する機能があって、目の前の他者の行動を鏡のように反映して発火するというものです。その事が非常に重要な意味を持つため、この発見は「脳科学最大の発見」とも言われているそうです。

他者の行動を鏡のように反映して発火するというこの共感細胞は、まさに伝統文化や武術でいうところの必須の修行プロセス、「師から弟子へ映す、弟子は師を映す」に匹敵します。もう少し正確に言えば、「師は弟子に映し、弟子は師を真似る」と言えます。これは現在の教育の主体となっている「先生は生徒に教え、生徒は先生に学ぶ」という知識優先の左脳の勉強とは異なります。

「映す」と「ミラーニューロン」の関係を、ここでは誰もがよく行なう体操の一つ「膝を回す運動」を例に取り上げて説明します。この運動は負荷をかけなければ誰でも簡単に膝を回す事ができます。そして、それが膝の準備運動として効果があると誰もが何の疑いもなく信じてやっています。しかし、その準備運動がどれほど効果があるかを検証するため、例えば上から背中を押さえるなど、実践に近い状況を想定した負荷をかけてみると、とたんに膝を回す事が困難になります（写真1①）。やってみればすぐ分かります。なぜ困難になるのでしょうか。

これは、何かをしようとする時、すなわち膝を回そうとする時、その命令源は頭になります。すなわち頭の脳の命令によります。頭の命令は「膝を回す」という一つの動作だけに意識が集中するので、背中を上から押さえられるという別の負荷がかかると、今度は「その

写真1

① 上から押さえつけ負荷をかけると膝は回せない

② 宇城に合わせると負荷をかけていても膝を回す事ができる

③ 宇城が気を送ると、負荷があっても膝を回す事ができる

大阪道塾

負荷に潰されないように」と意識は背中にいきます。その事によって先ほどの「回す事」への意識が途切れ、とたんに回す事の自由を奪われてしまうのです。膝を回す方向へ意識を持っていこうとしても、押されている背中が潰れてしまうので、背中への意識は、膝を回す意識より優先される結果、膝への意識が途絶え、膝は回らないわけです。このように、今の運動メカニズムの命令源は、常に頭からの意識によるものであり、一つの事にしか集中できない、すなわち「居つきの運動」になるのです。まさにこれが部分体のメカニズムです。

しかし、写真のように私がリードして相手と一緒に膝を回すと、相手は負荷がかかったままでも楽に膝を回す事ができます（写真1②）。これは私の身体の状態が相手の身体に「映っている」証です。

すなわち、私の状態（気の通った統一体）が相手に映る事で、相手の身体も気が通った統一体となり、その結果、意識が一箇所に居つく事なく写真のようになんなく膝を回す事ができるようになるのです。また映された人が負荷をかけられたまま瞬時に膝を楽に回せるようになるという事実は、まさに脳科学でも発見されたミラーニューロンの実証とも言えます。また背中を押さえられたまま回せるという事実は、身体が部分体から統一体に変化している証でもあるのです。この事実から、分析科学の結果判明したミラーニューロンというのは、統一体によって初めて効率よく機能するものと推測されます。科学で明らかにされたミラーニューロンは人間誰にも備わっているはずですが、それが働かない、働かせられないという事は、統一体というベースが失われてしまっていると言えるのではないかと思います。

さらにこの「映す」には次の段階があります。それはこちらから相手に気を送る事で、相手に同じ事をさせる事ができる、すなわち、負荷をかけたまま膝を回させる事ができるというものです（写真1③）。これは多人数に対しても同時に送る事ができます。この事はいまだ科学的に測定も解明もされてはいませんが、「気」というエネルギーが確実に存在し、相手に伝わり、かつミラーニューロンにも働きかけている事実を示す例だと思います。

よく勘違いする例として、背中に負荷をかけられても膝を回す事ができるとする人がいますが、これは本人が背中を押さえられる事に意識を閉じている事からくる、人間にとっては最も良くないあり方なのです。まずこの状態から相手に自分を映す事はできません。それはやってみれば分かります。すなわち相手のミラーニューロンに働きかけられないという事は、自己中心であり、心が閉じているという事でもあるからです。またその本人を横から押すと簡単に崩れてしまいます。膝を回す力、背中を押す力、さらに横から押す力、

3方向の力が同時に加わると、回せないどころか今度は潰れてしまいます。まさに部分体そのものですが、このようなあり方は、さらに悪い身体の状態になっているのです。統一体であれば、あらゆる方向から負荷をかけられても強く、かつ膝を回し続ける事ができ、かつ相手に映す事ができます。

このように脳神経科学で証明された共感細胞の働きが、実際このように実証できるのです。しかし証明した科学者自身が相手のミラーニューロンに働きかけられるかどうかはまた別な事なのです。また気というものを創造できたわけではなく、そこにあるのは、「共感細胞という仕組みが分かった」という事実のみです。すなわち、「分かった」にしてもその仕組みを活かす事ができていないという点では、科学は未完成の形であり、すでに完成形としてある人間のメカニズムを後追いしているという事です。その事は同時に、現在の科学では気というものを当分は解明できない事をも示唆しているのではないかと思います。なぜなら世の中の事で科学によって証明されている事はわずか5％であると言われ、気はその残りの未知の95％の世界にあるからです。

そして、このように科学が常に遅れて身体の事実を解明しているという事は、一方でこうしたミラーニューロンや社会脳といった事実が科学で解明される頃には、すでにそれらの機能を人間が失ってしまい、「手遅れ」状態になる可能性もあるという事です。そして、その事は生命体という完成形からすると、科学は常に部分事実という未完成の解析であり、かつ左脳科学である事を一方で自ら証明しているとも言えるのです。

左脳科学が悪いというのではなく、それを万能とする考えに陥る危険性を指摘しているのです。なぜなら左脳的な知識偏重主義は、さらなる科学万能主義を生み、それによってもたらされる部分解析の発展は、さらなる矛盾を自ら加速させていく方向にあると思われるからです。

昨今のいじめ問題や体罰の問題も、これまでの教育のあり方、身体の捉え方がこの部分分析科学的であった結果として如実に現われているものであり、これらの課題を放置して、方向転換すべき時に努力をしてこなかったつけが今、顕在化しているのではないかと思っています。努力はしてきたが、その方法論が間違っていたと言ったほうが適切かも知れません。

脳科学によって解き明かされる「祈り」

さらに、脳科学の進歩によって「祈り」と「脳」との関係が発見されたと言われています。

すなわち心で思う事が科学的にも身体に影響を与えるというものです。すなわち「良い祈り」がその人間を救い、「悪い祈り」がその人の体に悪影響を与えるというものです。

例えばスポーツなどの勝負事では、「勝ちたい」「うまくなりたい」と願います。するとこれはポジティブな祈りとして、その人の脳内に神経伝達物質のベータ‐エンドルフィンが分泌されます。この物質は快感物質であると同時に脳を活性化させ、かつ体の免疫力を高めるなど、様々な病気を予防する効果があるそうです。

しかし、ここに落とし穴があります。スポーツ、勝負事における願いは、一歩間違うと「ライバルを蹴落として叩きのめしたい」という攻撃的な面に力点が置かれがちです。この場合、悪い祈りとして分泌する脳内物質は、ベータ‐エンドルフィンではなくアドレナリン及びノルアドレナリンが主となります。

このノルアドレナリンは別名「怒りのホルモン」とも言われていて、それを数ミリグラムをラットに注射するだけで死に至るほど強い毒性があると言われています。従ってノルアドレナリンが脳内に出っ放しになると、脳にとっても体にとっても非常に害があるものとなります。

また「嫌いな人の不幸を願う」など、ネガティブな祈りの場合、脳内でストレス物質が分泌され、それが過剰になると、「記憶」を司る部位である「海馬」が萎縮してしまうそうです。これが認知症にもつながると言います。また「海馬」というのは、これまでにあった事を記憶するだけでなく、未来を見つめて将来の行動についての展望的記憶をコントロールするところでもあるそうですが、これが弱くなってしまうと、未来に対するビジョンが乏しくなってしまいます。このような事が今、科学技術の発展によって実証できるようになったのです。

まさに、これらの事は日常で起こっている事実ですが、良い祈りは伝統や文化に多々見られ、逆に悪い祈りは文明によって生まれているところが多いように思います。分かりやすい例で言えば、伝統の武術と現在のスポーツ武道との比較です。とかく勝負にこだわる今のスポーツ武道の「相手を倒せ」や「アドレナリンを出せ！」など檄を飛ばす光景などは、まさに悪い祈りの典型ですが、本来の武術は、その反対の「戦わずして勝つ」という高い次元にあります。それは、武術というのは生と死のなかで悟ったところから生まれたものだからです。実際、江戸時代の剣聖・伊藤一刀斎はその剣術書で、術技の究極は「真心」にあると説いています。この心と身体の関係については六章で詳しく述べたいと思います。

科学に先行する心

同じ事に対するのでも、心のあり方一つで、脳内に快感物質であるベータ‐エンドルフィンが分泌されたり、その反対のアドレナリンが分泌されたりして、結果その事が身体を良くも悪くもしているという事です。もともとは人間には生まれながらに「生きる」という事が海馬にインプットされていて、非常に苦しい境遇のなかでも「やらねばいかん！」となればエンドルフィンが出て細胞が活性化し、それが生きる活力となるのです。反対に「駄目だ～」とあきらめてしまうと、この海馬の働きが弱まり、ますます生きる力が弱くなってしまうのだと言います。未来への時間を持っているのが唯一この海馬である事を考えると、この海馬を萎縮させない生き方をする事が望ましいのは言うまでもありません。

武術はもちろん、祭り事や季節の行事、お茶や華道などの稽古事といった伝統には、人間にとっての「良い願い」の教えが多々つまっていて、それらが自分たちの幸せにつながる事を伝えていると言えるかも知れません。伝承というのは、その時代に生まれたエネルギーを今に再現するという事でもあり、その本質にあるものを今に生かせてこそ、伝統にある良い願いが生きてくるのだと言えます。また、この再現は、先達と同じ境遇を生きる

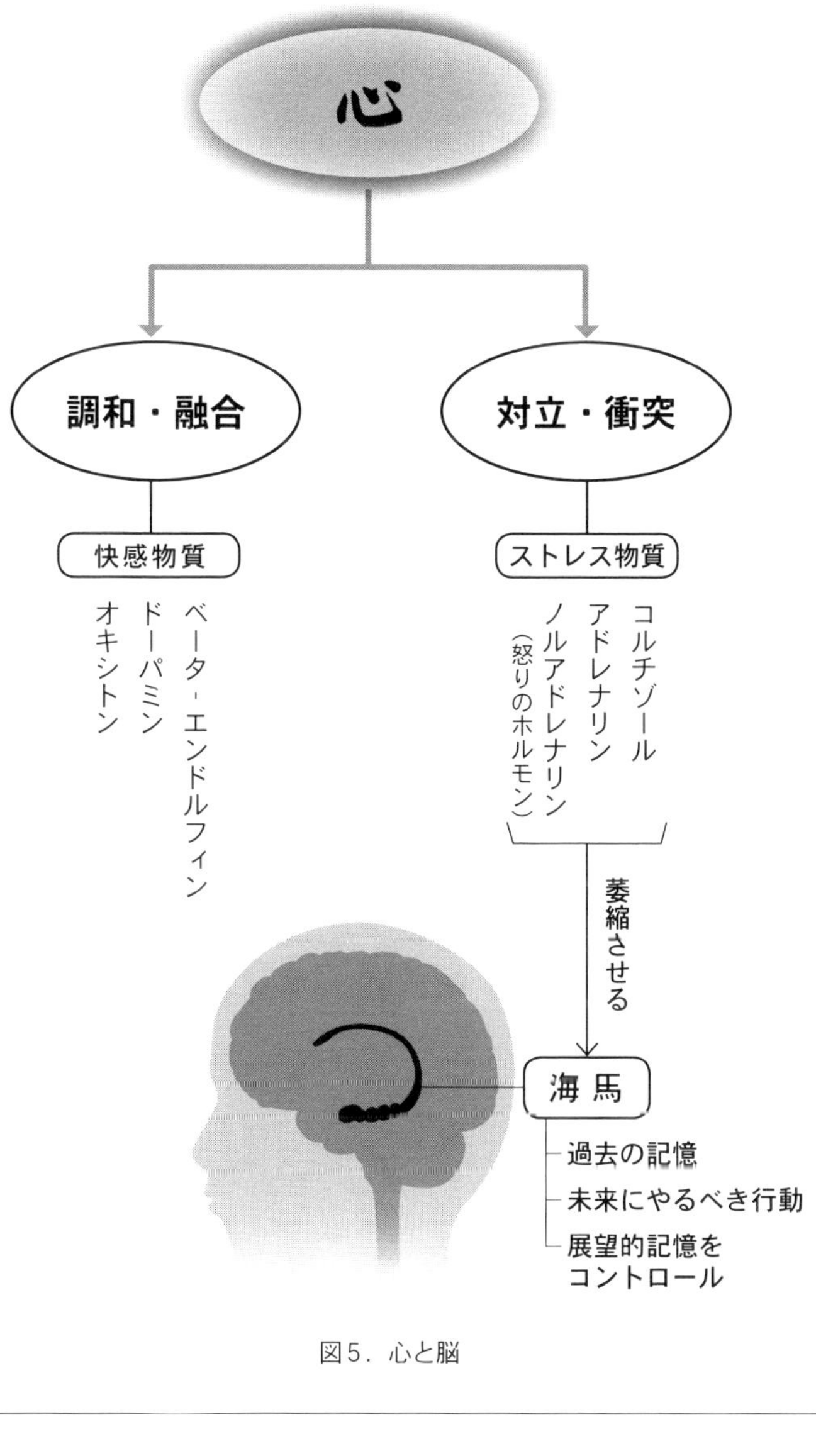
心
調和・融合
対立・衝突
快感物質
ベータ・エンドルフィン
ドーパミン
オキシトン
ストレス物質
コルチゾール
アドレナリン
ノルアドレナリン
（怒りのホルモン）
萎縮させる
海馬
過去の記憶
未来にやるべき行動
展望的記憶を
コントロール

図5．心と脳

事にもつながると思います。

また、この伝統や芸術には、日々を惰性にさせない力があります。例えば、「お祈り」は毎日やっていると惰性になる事があり、そうなると脳内のエンドルフィンが出なくなると言われています。だからこそ毎日毎日心を込めて祈らなければならないわけです。

これに対し、例えば伝統の武術である空手の型は、毎日やっていても「同じ」という事はありません。昨日までこれでいいと思っていた事が、「また違うぞ」というように、毎日毎日、新しい発見が勝手に出てくる世界です。身体が教えてくれるものを記憶していくので、毎日やる事が決して惰性や単なる「作業」になる事はありません。このように同じ繰り返しでも毎回発見があるという事は、脳科学によれば海馬の活性化につながっているという事であり、これは理にかなっていると言えます。ますます希望が出てくる。それが伝統や芸術の力であり、そこで培ったエネルギーが、自然と時空を通して人に幸福の波動を与えるという事なのだと思います。

統一体を部分体にする現在の教育

本来、生命体として統一体である人間の進歩、成長の進路として伝統が伝え残してくれている素晴らしいシステムを、新しければ何でも良しとし、学歴や地位、知名度を肩書きにして、壊してしまっているのが、まさに今の知識偏重の教育のあり方です。人間は、赤ちゃんからはいはいを経て立ち上がり歩くようになり、小学校、中学校を経て、あるいは高校、大学を経て社会人になります。このように子供というのは、黙っていても歩けるようになったり、かつ大人では考えられないような身体の柔らかさを生まれつき持っていたり、言葉にしても何も教えなくても勝手にしゃべれるようになる。それが自然体で統一体という事です。

ところが人間は教育を受ける事で、だんだん部分体になっていきます。例えば、英語は中学校から単語、文法、解釈を学び、高校、大学と様々な試験を受け、成績が良い人は一流大学に合格するなどしますが、だからといってその人たちが話せるようにはなるわけではありません。1歳の子供の場合は放っておいても話せるようになるのにです。今の英語教育の学び方と、子供が自然体で言葉を覚えていくあり方との違いは何であろうかという事です。明確な事は、英語が話せない、すなわち使えない教育の仕組みになっているという事です。それは、その本質が英語の勉強のためにあるのではなく受験のためにあるからです。

こんな馬鹿げた事が今も義務教育としてまかり通っているわけです。カンボジアのアンコール遺跡群の観光地では、日本語、英語、スペイン語、中国語など通訳する人がたくさんいます。案内してくれた現地の人が流暢な日本語で、しかもアンコール遺跡群の歴史や仏教、ヒンズー教との関わりなど、我々日本人が聞いても奥の深い話をしてくれました。日本には一度も行った事がないそうですが、日本語は現地の専門学校で2年間学びながら修得したと言っていました。通訳になる事は貧困のなかで生活していくための手段であり、そのための必死の努力が、そこまでのレベルを可能にしているのだと思いました。

歴史の教育において、例えばお箸は、日本では聖徳太子の時代に普及しました。きっかけは遣隋使の派遣でした。小野妹子を国使として隋に送るなど、中国から文化を交易しようとしていた頃の話ですが、当時中国はすでに箸を使っていて、日本はまだ手づかみで食事をしていました。聖徳太子はこれから中国と交易していくという時に、手づかみではと考え、箸を使うようにしたと言われています。

学校の歴史の授業では、聖徳太子が何年に生まれ、大化の改新が何年であったかという事は教えて暗記させますが、聖徳太子が何を考え、それが日本にどんな影響を与えたかという事は教えません。全体的な事より枝葉の部分を教えようとする。その仕組みが英語であれ歴史であれ、全て本質をはずれた暗記型教育にあるという事です。そういう教育のつけが今きているのではないかと思います。

小学校から始まるこのような部分体的な思考に基づく教育のあり方は、伸びるはずの人間力をストップさせ、結果その先の全ての学びにおいても同様となり、そのため多くの子供たちは、自分のなかに確固とした芯を築けず、将来自分探しに迷うのではないかと思います。ノーベル賞をもらっている国は、アジアでこそ日本はトップで17個ですが、アメリカは321個（1901年~2011年）と桁違いです。アメリカという、日本より歴史の浅い国がそれだけノーベル賞をとっているという事は、自由に考える文化が豊かであるという事であり、またそれを育てる環境があるという事です。その違いは何なのでしょうか。

今の日本の教育は、宇宙の95％の未知の世界、神秘の世界に対して自分の知っている事、すなわち自分の知識の範囲でしか考えようとしない、また判断しようとしない人間をつくっているような気がしてなりません。

暗記中心の戦後教育の課題

こうした教育のあり方は戦前にはありませんでした。それがなぜ現在のような状況に至っているのでしょうか。その要因の一つが、戦後という時代背景における、先進国に追いつき追い越せの教育、つまり暗記中心の教育にあるように思います。当時はそれで良かったのですが、今は先進国として創造性のある人間が必要とされる時代に変わっており、日本はとうの昔に教育のあり方の方向を切り替えなくてはなりませんでした。その切り替えの時期を日本は逸してしまったのだと言えます。

後進国の教育という事について、ここに参考になる資料がありますので、以下にあげます。元外務省主任分析官で作家の佐藤優氏が書いた『人間の叡智』という本です。そこに以下のような記述があります。

「これまでの日本の教育システムは、非常に特殊でした。端的に述べると後進国型の教育システムをとっていました。後進国というのは、なるべく早く外国語の分かる外交官を育て上げて外交交渉をしないといけない。（中略）そのために国家はどうするか。記憶力のいい若者を集めてくるのです。そして促成栽培で、事の本質を理解しなくてもいいからともかく暗記させる。暗記したことを再現できる官僚を養成する。明治以来、東京大学を頂点とする日本の教育システムは、そういう後進国型の詰め込み式で、それは戦後になっても変わっていません。その結果、今日本の官僚が恐ろしく低学歴になっている。」

（『人間の叡智』佐藤優著　文春新書）

このような教育が続けられてきたため、今の日本は、創造性に欠け、真の人間力に欠け、肩書きや地位や名誉という目に見えるものを過信する傾向にあり、とくにそれが偏差値の高い人に多く見られるのも、頷ける事ではないでしょうか。それは、すでに完成形として存在している人間に対する畏敬の念の喪失と、何でも科学や知識で分析できるとする謙虚さの欠如のためであり、それが、科学や知識が本来向かうべき本質から遠ざかる要因となっているのだと思います。

目に見えないエネルギーの存在

同様の事は、イギリスの若き科学者ファラデーのエピソードにも見られます。１８１２年当時、電気が銅線の中を流れながらも何らかの力を外に放出しているとファラデーが主張した時に、当時の権威あるケンブリッジ大学の学者がまっ先にそれを否定し、「ファラデー君、電流は銅線の中を流れているだけで、何らかの力が外に出ている事はない」とその主張を却下しているのです。ファラデーはあきらめずに、その議論のさなか、銅線の周囲に方位磁石を４つ置いて、その動きをさらに観察し続けます。そして目には見えない何らかのエネルギーが銅線の周りに円心状に出ている事を証明してみせました。これは今では当たり前の常識です。気も同じです。「気という目に見えないエネルギー」が相手に映っている事を、「目に見える形」で証明していますが、まさにファラデーの発見と同じであると言えます。

ですから気づかなくてはならないのは、たとえ最先端の脳科学の発展によって様々な事が解明されたといっても、それは実践事実を後追いしているだけの事であり、その後追いの分析科学に洗脳されて分かった気になり、謙虚さや自然に対する畏敬の念を失ってはならないという事です。

マイケル・ファラデーは方位磁石を使って
銅線の外に目に見えない力が出ている事を証明した

答えのない未知の世界

あらゆる事に対して我々は答えがあると思い込み、それ故に答えを求めようとします。しかし本来この宇宙は、95％が未知の世界で、分かっている事はわずか5％と言われています。ましてや個人レベルで言えば、0・5％も分かっていない世界にいると思われます。

海洋生物学者の窪寺恒己《くぼでらつねみ》氏の調査研究によれば、水深200メートルより深い所を深海と言い、海の体積のうち95％が深海であると言います。これまで深海は人類にとって未知の世界であり、研究者たちの間では、水深550メートルより深い所には生物などいないという説が19世紀半ばまで信じられていたと言います。

ところが、深海まで潜れるという日本近海のマッコウクジラの胃の中の調査をしたところ、そこにはダイオウイカという、完全再生した状態であれば、全長7〜8メートルと推測されるイカが出てきました。この事がきっかけになって、以来、日本は海外とも協力して深海研究に力を注ぎ、有人潜水調査船「しんかい6500」などを開発し、深海調査を繰り返し、深海に住む様々な生物を知る事になります。ダイオウイカをはじめ、自発光する魚や実にあざやかな色の魚など、数々の未知の生き物の存在が明らかになりました。また、海底を７０００メートルまで掘削できる地球深部探査船「ちきゅう」などを開発し、今では海底の深度数千メートルという地中にアーキアという微生物がいる事も分かっているそうです。また窪寺氏は深海調査の度に新しい発見があり、興味が尽きないと述べています。海一つにしてもこれだけ知らない世界が広がっているのです。

我々は食べなければ餓死しますが、それ以前に、水や空気がなければ死んでしまいます。この水や空気は一体どうしてできたのでしょうか。さらに我々にとって絶対必要な酸素は、植物と太陽との光合成でつくられますが、この太陽を含む太陽系、さらには銀河系という宇宙は、いまだに謎だらけです。それに加え我々の生命はどのようにしてできたのか、この事についても明確な答えは出ていないのです。生命の成り立ちが分からないという事は、すなわち生命をつくる事はできないという事でもあります。そういう未知の、かつ神秘である世界に対して、何でも答えを見い出そうとする姿勢は、物事の本質を忘れたところで追求するようなものであり、分かれば分かるほど、その本質から脱線していくという事になると思います。すでにそういう現象が起きているのもまた事実です。これではいくら手を打っても後手後手になり、いずれその循環では追いつかなくなって破綻という結末を迎える事になるでしょう。

大事な事は、未知の世界にある事実、現実は「分からない事」として片付けるのではなく、それを神秘としてまた非論理思考をもって謙虚に受け止める事だと思います。その上で部分分析、部分研究、論理思考を同時進行させるならば、この未知なる宇宙にある真理という本質から離れる事はないと思います。

学校教育の重要性と見直しの時期

子供から大人になっていく過程で最も重要なのが、言うまでもなく大学まで含めると16年という学校教育と言えます。前著『気でよみがえる人間力』（どう出版）でも詳しく触れていますが、毎年行なっている１２００名対象の学校実践講習会に対する中学生、高校生、大学生、そして大人、教員の感想文に見られる捉え方から分かった事は、大学生や大人は、講義や実践内容を「視野の狭い自己中心的で分析的な捉え方をするのに対し、中学生、高校生は、講義や体験内容をそのまままっすぐに受け止めて感動をつづっているという事です。その差は歴然としています。

例えば、ある実践が可能になる本質として「心豊かなれば技冴ゆる」という言葉を引用したのですが、この教えに感動した感想文が高校生では7割くらいありました。「生徒には難しい」と教師が感じていたような内容に対しても、逆にきちんと受け止めて、「今日一番印象に残った事です」と言って感想に書いてくれているのです。「愛は言葉でなく行動である」といった言葉も、印象に残ったという率が非常に高かったのですが、言葉だけを教えたのでは、これほど高い率での印象にはならなかったと思います。不可能が可能になる体験をし、その力の出所が「心」であるという延長線上で引用するからこそ、その言葉を自分の行動すべき指針としてしっかり受け止めるのです。だからこそ強い印象として残るのだと思います。先生たちが、そうした子供たちの感想文を読み、逆に指導者としての至らなさに気づかされる、このような事が実際に起こっているのです。

裏を返せば、そういった子供の感性を自分たちの勉強不足のために蓋をしかねないという事、それがこれまでの自分たちの姿であった事が自ら見えてくるのです。

生徒に対する大人や教師の影響は非常に大きい現状を考えると、急ぐべきは指導者の意識改革です。教員という資格で教えるのではなく、本来の教育、つまり、教えて育む事ができる実力を自らにつける事です。それには現状を良しとせず、常に自らが勉強するという姿勢がなくてはなりません。それはスポーツの指導にたずさわる指導者、監督、コーチも同じだと思います。本来の教育とは何なのか、本当の強さとは何なのか、そこを必死になって勉強していかなくてはならないと思います。それがない人の指導は、教育ではありません。肩書きや地位という立場でしか教える事ができない人です。ですから分からない事は、ごまかしたり口先となり、未知の事は避けるようになります。地動説を否定した人たちや、権威をたてにファラデーの発見を否定した人たちと同じく、事実、真実からどんどん遠ざかっていくしかなくなるのです。

一人革命の本質

昔、天動説と地動説が議論された時、天動説をとる支配者層のなかにも、地動説のほうが正しいと知っている人は少なからずいたはずです。しかし支配者側にいる立場の人というのは、現組織を統率をしていくためには、それまでの定説を曲げるわけにはいきません。信用を失うからです。それは現在でも言える事です。スポーツなどに見る筋力主体のあり方や学校教育の知識偏重、暗記偏重のあり方に疑問を持っている人は少なからずいるはずです。しかし、組織の立場に立つと、疑問や間違いに気づいても、多くの利害やしがらみがあり、たとえ理不尽であっても、従わざるを得ない状況にあるのが現実ではないかと思います。すなわち、組織のなかでは個人が気づいても、その行動ができない状況になっているという事です。そこにどう向きあっていくかが、個々の人間力が問われるところであると思います。

そのまま良しとして流れに身を任せるか、「一人でもやる」と決めて行動していくか。この「一人でもやる」という決意は今の自分のエネルギーを高めていく事につながります。しかし、この「一人でもやる」という方法は、正義感だけで実力がなければただの精神論となって潰れてしまいますし、また孤立したり、敵をつくりかねない時があります。その事によって、せっかくのやる気が損なわれかねません。私が進めてきた「一人革命」というのは、「変えていこう」ではなく、まず「自分が変わる」という〝自分革命、先にありき〟です。

それにはまず、自分が知らない、分からない事に対して謙虚になり、そして知識としての勉強ではなく物事の本質に目を向け、真実に向き合う勉強をする事だと思います。生きるという事は真剣勝負です。とくに指導にたずさわる人は、真実の生き方に向かわなくてはなりません。

人間自身の強さにおいても、人間がいくら強くなったといっても、ライオンの檻に入る事はできません。力では勝てないのです。泳ぎでも、魚、イルカには勝てません。ましてや鳥のように飛ぶ事もできません。しかし、人間には人間にしかない強さがあるはずです。そこに向き合うという事です。すなわち、地球上で一番大きな影響力があるはずの人間が、本来あるべき姿の人間力を発揮して、すなわち利他の行動と共存共栄をもって動かねばならないという事です。

そういった本質に向かう人間力への気づきの一貫として、人間に備わっている潜在能力の発掘とその体験を宇城塾や講演などで展開しているところですが、自分にある潜在能力を知った時、多くの人が自問自答を始めます。そしてその自問自答こそが、それまでの自分のあり方から脱却するための変化につながっていき、かつ「自分が変われば周りが変わる」という一人革命にもつながっていきます。一人革命というのは一言で言うと、幸せになるという事です。そして同時に周りも幸せにするというあり方です。マザーテレサが言った「愛は言葉でなく行動である」。まさにその行動が伴って初めて一人革命があり、真の絆もそこから生まれてくると思っています。

宇城塾 受講生の声

原因はすべて自分のなかに

（宇城道塾　神奈川　会社員　25歳　男性）

今回の受講では、人間に元々備わっている能力があることを、先生はただ言葉で伝えるのではなく、実践でその場で体現して下さいました。ミラーニューロンという人間に元々備わっている細胞のお話がありました。受講生がもう一人の方に背中を押さえられ、その状態で膝を回すことを行ないました。しかし、押さえがあるため回すことが出来ないところに、先生と一緒に膝を回すと、受講生は押さえをもろともせず、いとも簡単に膝を回すことが出来ていました。それを見せていただいた時は、こんなにも瞬時に人間の身体は変化するのかということを改めて感じました。これまで先生の気によって絶対にあり得ない不可を一瞬にして可に出来ることを体験させていただいておりましたが、改めて人間の神秘を感じたように思います。

これからの使命「一人革命」

（宇城道塾　京都　会社経営　49歳　男性）

現代の科学では解明できない、95％の未知の世界の中に多くの真理があり、現象として起こしていただく「事実」を何度も目の当たりに体現させていただき、完成形である人間の潜在能力の素晴らしさに気づかせていただきました。大宇宙の中に在る地球の産物として、〝生きる使命〟を知り、そのための活力を身体の内から湧き出させていただいて、自分自身に小さいながら自信が芽生えました。その自信は、明らかに自分自身の今までの価値観を変えました。現在の日本の政治に代表される保身、隠蔽《いんぺい》、私利私欲、衝突など、あらゆる「心なし」は、〝ちっぽけな「ものさし」〟による価値観から生まれている。大自然に対する畏敬の念や、全ての調和を重んじる心の在り方をご教示いただくことで、私に新しい価値観を創り上げていただきました。その価値観の変化は、私の中で優先すべき基準軸を変え、「周囲や環境」や「時間」、「空気や雰囲気」さらに「エネルギー」など、あらゆるものが自分のまわりで変わってゆくように感じます。

大人と子供が調和して未来を創る

（学校講習会　大阪　高校教員　39歳　男性）

私は、自分自身が変化することで野球部員たちを変化させようと思っていましたが、なかなか変えることができない子供たちを宇城先生は一瞬で変えてしまいました。子供たちの表情や姿勢を見ると嬉しくなりました。反面、自分の無力感や情けなさも感じ、複雑な心境でした。しかし、子供たちの感想文を読むと、練習から生き方まで広い視野で勉強になったようでした。その答えとして、次の日の挨拶が変わっていました。今まで以上に、姿勢よく心ある挨拶ができていました。その時に、先生によって変えていただいた子供たちの心を私が曇らせないようにしていこうと強く思いました。

やはり、子供のスピードは速いです。今、子供に囲まれて子供たちによって気づかされること、子供たちからエネルギーをもらっていることが実感できます。子供たちにエネルギーをもらって成長し、成長した自分が子供たちを教え、育んでいく。大人と子供が調和して、未来を創る。考えただけでこんなにワクワクすることはありません。明るい未来と希望が湧いてきます。〝生かされていることへの感謝〟ということが少し感じられるようになったかなと思います。それを自分自身に証明するためにも「行動のスピード」です。ありがとうございます。

気のすごさを知りました

（学校講習会　高校2年　野球部）


人は生まれながらに完成形で「統一体」であることや、ネガティブな要素は脳の海馬に悪影響を与えて希望や夢が持てなくなることを教えていただきました。

また、「心豊かなれば、技冴ゆる」や「事理一致」という「気」に関連する言葉の存在と意味を教えていただきました。これらの言葉の真意を証明するために、体の強さの実験をしました。

嘘をついていない時は、上から腕を押さえられても下がらなかったのに、嘘をついた時は簡単に下がりました。嘘や横着をすると体が弱くなり、ケガにつながるのだと実感しました。

また、「気」は一人の人間だけでなく周囲の人たちに対しても力が働くことを実証してくれました。二人一組でおんぶして普通に歩いた時は全然重たくなかったけれど、宇城先生が気を放つ空間に行くと上に乗っている人がとても重く感じました。これにはとてもびっくりしました。直接触れていないのに周りの人たちに同時に影響を与えることに改めて気のすごさを知りました。

「愛とは言葉ではなく行動である」が胸に突き刺さりました　（学校講習会　高校2年　野球部）

「気」というものは本当に存在するのかと、最初は少し疑っていましたが、この講演でその疑いはなくなりました。それは、自分も目の前でその「気の力」を見た一人になったからです。宇城先生は20人くらいと腕相撲をして軽々と勝ちました。その様子は本当にマンガの世界にいるのではないかというくらいすごかったです。こんなすごい先生が僕に教えてくれたことはたくさんありました。一つは「愛とは言葉ではなく行動である」という言葉です。それは僕にとってすごく深い言葉で胸に突き刺さりました。この言葉を聞くまでの僕はいつも、口では「ありがとう」と感謝していても、行動で感謝を示したことがあったかなあと思ったからです。

もう一つは、人の先を行くということです。おっしゃっていたことは「頭で動くのでは遅い、人の先を行くかどうかは０・２秒で決まる。だから、いつも生活からポジティブに考え、そして礼儀正しくしていくことが大事」ということでした。それは僕が毎日そのことを意識していたら簡単にできることなので、継続させてこの日本を救えるような人になりたいです。

第三章

気と時間——人間は時間と共存している

人間の器と時間

身体時間と無意識領域時間

我々が生きているという事は、時間とともにあるという事であり、それは身体が持っている時系列にも関係してきます。まず身体の重要筋肉運動をしている心臓は1秒間に約1回という時間で動いています。次にその心臓を動かしているのが神経で、１０００分の1秒という時間を持ち、さらにその神経を動かしているのが60兆個の細胞で、１００万分の1秒という時間を持っています。人間の持っている時間はここまでですが、これよりさらに速い時間は、地球上の時間として分子、原子の持つ時間、さらには地球のエネルギーが持っている時間です。さらに宇宙の誕生に関係しているビックバンの時間は、10のマイナス23乗秒と言われています。このように大宇宙、大自然とは、全て時間でつながっていて、かつ、我々は地球上の空間のなかで時間を持って生かされているという事です。

「私たちの感覚世界へのアウェアネス（意識）は、実際に起こった時点からかなりの時間遅延することになります。私たちが自覚したものは、それに先立つおよそ〇・五秒前にすでに起こっていることになるのです。私たちは、現在の実際の瞬間について意識していません。私たちは常に少しだけ遅れていることになるのです。」
（『マインド・タイム　脳と意識の時間』ベンジャミン・リベット著　岩波書店）

人間には意識できない、無意識という時間帯が存在している事が、『マインド・タイム』の著者ベンジャミン・リベット博士の実験によって証明されています。例えば、「危ない」と思って車のブレーキを踏むような場合、実は身体は先に無意識に何かが働き、次に無意識の行動としてブレーキを踏む、これが0・2秒後なのだそうです。そしてブレーキを踏んでいる事が自覚できるのは、0・5秒後です。つまり頭で「危険だ」と認識するのは0・5秒後であるという事です。従って頭が「危ない」と思った時からの意識の行動では、遅いという事です。危険な状況下では、気づいた時には手遅れという状態になりかねません。

事故などで危ない目に遭うと、そのコンマ何秒かのわずかな時間に、いろいろな事が浮かびます。そんな事を考えるような時間はないはずなのですが、あらゆるものがスローモーションになって見えたりします。そのスローモーション現象は、次のような実験からも実証されています。すなわちバンジージャンプをした人に、あとでその間の時間をイメージしてストップウォッチを押してもらうと、実際の時間は2秒しか経っていなくても、ストップウォッチを押すのは4秒後くらいなのです。それと同じで、自分の内面の時間が速くなる分、外面の時間の流れは遅くなるという事です。すなわち、高速度撮影時の再生時のスローと同じ事が起きているわけです。

この事は、人によって時間が異なるという事も示唆しています。人間におけるスピードは、まさにその起こりがベンジャミン・リベットの言う、0・2秒前の世界なのか、0・5秒後の世界なのかで違ってくるのです。それは、物事を身体で気づくか、頭で気づくかの差とも言えます。すなわち0・5秒後の世界にとどまる人は、常に意識が働いているので行動に時間がかかります。また迷ったり悩んだりする時の時間も同じく止まったものになっていきます。時間が止まっている時の身体は気が流れない部分体となっているので、身体の呼吸はつまる状態となっています。

スピードには、外面としてのスピードと内面のスピードがあり、内面のスピード、すなわち無意識の時間領域にあるところでのスピードは、外面とは比較にならない速さがあります。本来人間のスピードというものは、このように無意識のなかでかつ日常のなかで培われるものなのです。例えば、電車におばあさんが乗ってきた。席を譲ろうかな、は意識であり0・5秒後の世界にあります。しかし「気づいたら席を譲っている自分がいました。」

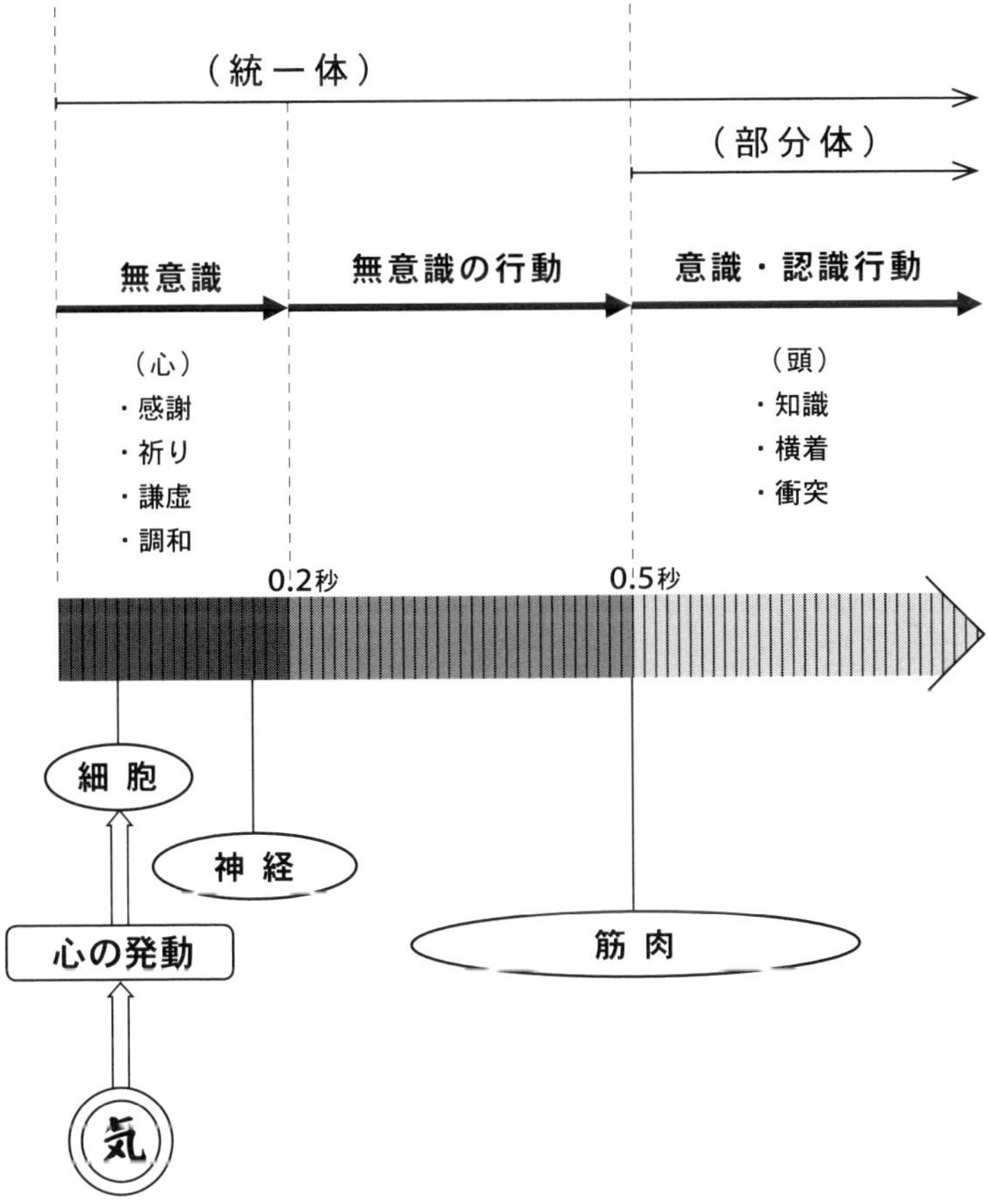

図6．無意識の時間に働きかける気

これが無意識の行動であり、0・2秒の世界です。無意識には頭で考えるという意識が介入しないので、**検証①②③**のように身体も強くエネルギーが出るのです。ところが、席を譲ろうかなと迷っている時は、意識の世界にとどまるのでエネルギーが出ません。部分体スポーツや知識偏重の教育というのは、この0・5秒後にある世界であり、従って身体の呼吸は止まり集中力も欠けます。

これに対し子供の時間は、大人と比べて桁違いに速いのです。それは大人は客観的な時間に縛られがちなのに対し、子供は主観的な時間の世界にいるからです。つまり主観的時間である内面のスピードは0・2秒内にあり、客観的時間の外面のスピードは0・5秒後にあり、どちらの時間にいるかで速い、遅いの差が出てくるということです。そしてそれは当然その人の行動のスピードの差となって現われるのです。この人間としての差は、大小の二本の刀を差していた幕末の頃の日本人と、今の日本人の差にも如実に現われていると思います。

自分自身が止まっている時間のなかにいるのか、流れている時間のなかにいるのかについて、分かりやすく検証する方法がありますので、試してみてください。

検証① 身体動作の時間連続（座ったら立つ）

1人が座り、もう1人がその人の肩を上から押さえます。その状態から座っている人に立ってもらいますが、通常押さえている人と衝突して立つ事ができません（**写真A**）。これは、0・5秒後の意識した時間のなかでの「立つ」という行動にあるので、押さえる相手にこの意識時間がキャッチされ、衝突して立てないわけです。しかし、「まず立った状態から座ってまた立つ」というように一連の動作としてつなげると、押さえられても自然に立つ事ができます（**写真B**）。やってみれば分かります。しかし、ここで大事な事は、頭で「立って、座って、また立ったら立てるんだ」と意識して同じ事をやると、また**写真A**と同じく、

検証①

（A）通常は立つ事ができない

（B）立つ→座る→立つを一連の動作としてつなげると立てる

大阪道塾

立てなくなるという事です。ようするに頭が働くとできない。無意識でないと駄目だという事です。

検証②　心ありが内面のスピードをつくる（落ちたものを拾う）

写真A　落ちたものを意識して拾います。あるいは命令されて拾います。拾おうとして前かがみになっている状態のところを相手は一定の力で上から押さえます。

↓　身体を起こす事ができません。すなわち身体の呼吸が止まり、弱い状態にあります。

写真B　今度は「落ちましたよ」と自分から拾うと、押さえられていても、そのまま起き上がる事ができます。この時は身体に気が流れ、強い状態となっています。

検証③　躾による自然体がつくる時間（お箸を使った検証）

2人1組になって座り、1人が膝に片手を置きます。右利きの人は左手を膝に置き、隣の人がその手を上から押さえます。この時、力を一定にして、その手が簡単に上がらな

検証②

(A) 意識して拾うと弱い

(B) 自分から拾うと強い

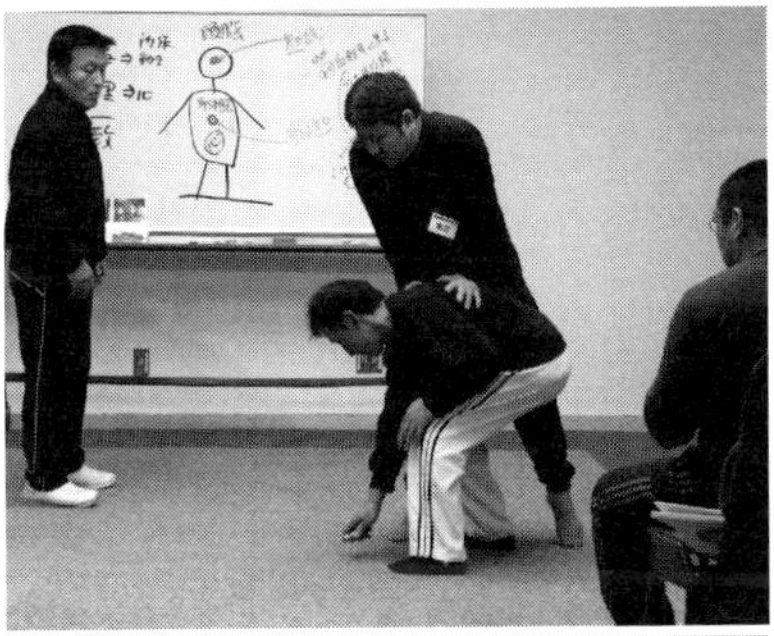

東京道塾

検証③

(A) 通常は上がらない

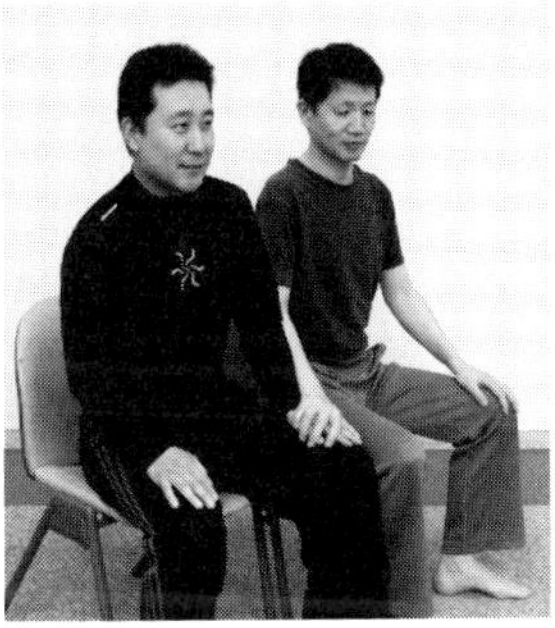

(B) お箸を使う仕草をすると上がる

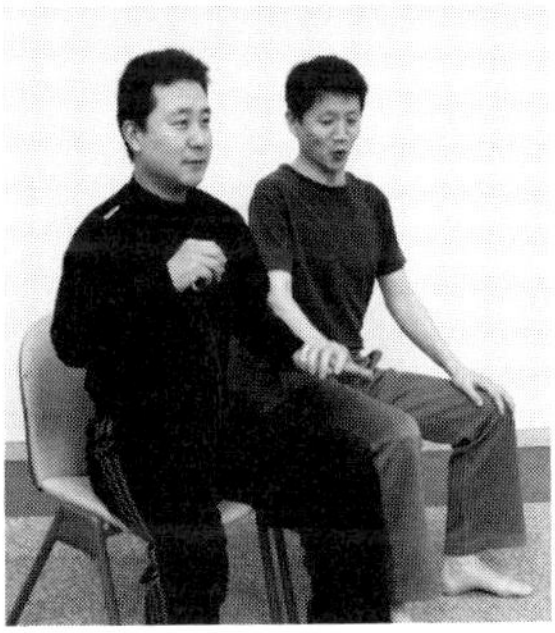

い程度に押さえます。持ち上げようとしても手は上がりません（写真A）。しかし右手でごはんを食べる仕草をしながら上げると、今度は簡単に上がります（写真B）。それは、食事の時、お箸を使う事が我々の日常として無意識の行動となっているからなのです。

事理一致の修行

現在は、科学はめざましく発展しましたが、人間力においては、幕末の頃と比べて低下しているのは明らかです。それは、現在の竹刀剣道と江戸時代の素面木刀の稽古を見ても分かります。当時も竹刀剣術はありましたが、痛くも痒くもない剣術は竹刀稽古として別な意味をなし、山岡鉄舟はそういう稽古に対し、素面木刀の稽古の必要性を説いています。

当時の侍は刀を差していました。現代のスポーツ的な誰が強いか弱いかという次元にはなく、常に生と死が隣り合わせで、立ち合えばどちらかが斬られるという状況下におけるやりとりは、頭での判断では遅く、常時身体が持っている無意識の時間の世界に身を置いていたはずです。当然、そういう状況下で生きてきた人間は、そのスピード、覚悟、肚においても、今の我々とは桁違いの次元にあったと思います。まさに、そういう時間にある

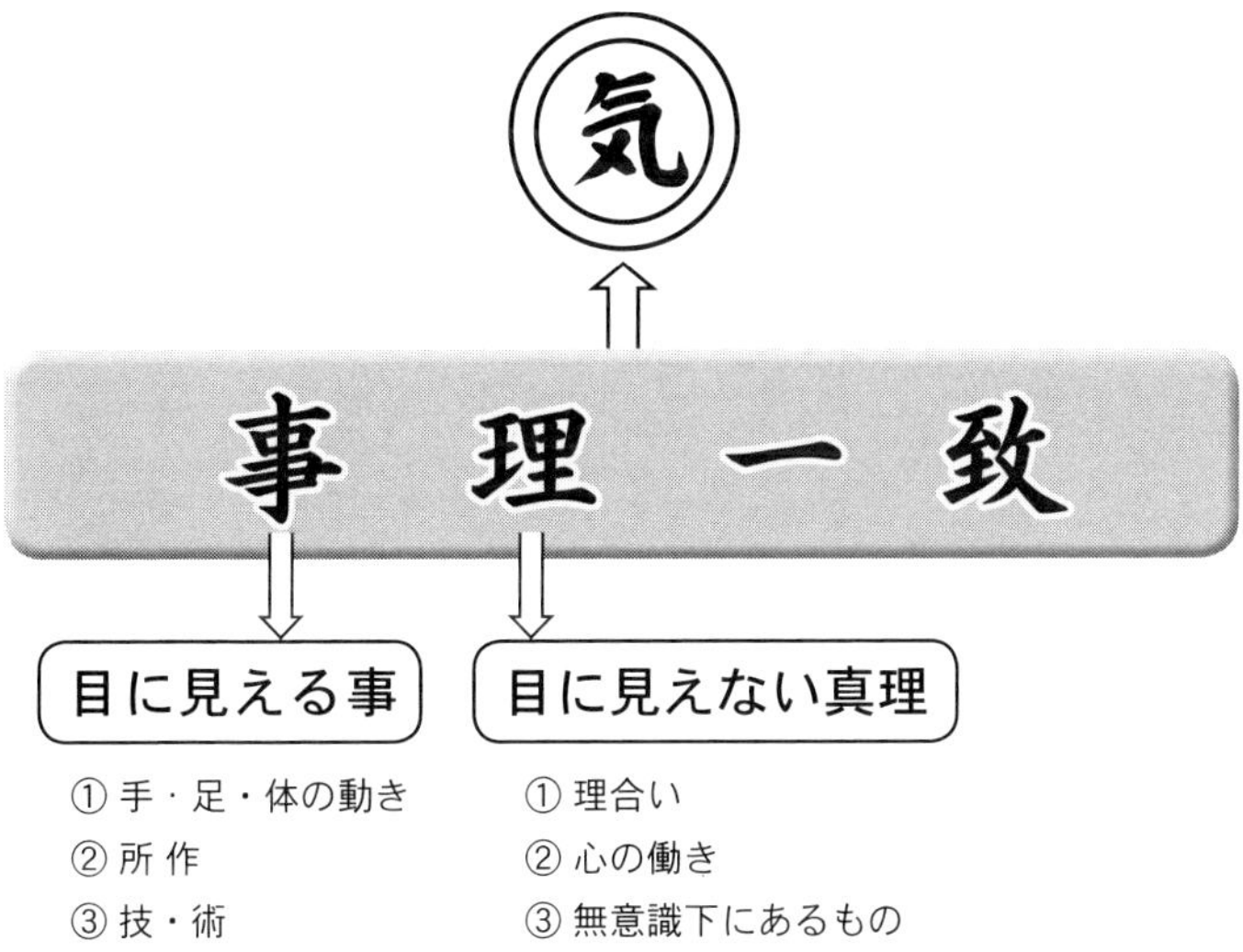

図7．事理一致

ものが武術の極意の境地である「相手に入る」や無力化などにもつながっていったのだと思います。そしてそういった厳しさの裏には、外面の速さ、すなわち内面の速さの根源である心の修行を第一とするあり方があった事は頷けるところです。それに比して内面を軽視している現在、人間力の低下は、当然と言えば当然かも知れません。

　武術には事理一致という稽古の教えがあります。「事」というのは、事実、所作、技の事で、「理」というのは理合、心の働きの事を言います。この両者を一致させる事によって、武術に必要な術技を身につけるというものです。また、宇宙の目に見えない法則真理としての「理」は心とつながり、心は外面としての技となり、自分という形をつくっていきます。すなわち小宇宙としての人間です。

江戸時代の剣聖・伊藤一刀斎の極意書のなかに、「全ての究極は真心である」と記してあるのですが、これはつまり、心が究極においては外面を支配するという事であり、外面としての技もまさに内面の心の働きであるということです。例えば身近な例として、現在の空手における組手の稽古で言えば、素手の組手から鉄製のメリケンサックを相手につけさせての組手にすると、その様子が一遍に変わります。すなわち心がびびってしまい組手ができなくなるのです。では心を強くするにはどうしたらいいのか。よく現在の武道やスポーツでは「気合いを入れろ」とか、時には「殺せ！」などと言ってはっぱをかけますが、こういう状況下では心を強くするという効果はゼロに等しいと言えます。一方この心を強くするプロセスがまさしく、武術の「事理一致」の修行にあるのです。すなわち、相手に「入る」という「事」としての技と、そのための恐れない「心」が必要ということです。この両者のどちらが先というのではなく、「事理一致」に向かう修行をして初めて「入る」が可能になり、びびりも消えるということです。ですからメリケンサックをつけた相手にも簡単に入れるわけです。なにしろ幕末の侍はメリケンサックどころか刀を差していたわけですから、桁が違います。このようなことからも、刀を差さない現在の人間がいかに心をなくし頭でっかちになってしまっているかが明白ではないかと思います。

まさにこの事理一致の教えは、人間行動の原点となる身体の時間のスピードの速さをつくるとともに、気の大もととなるプロセスとも言えます。また同時に人間の器も大きくしてくれる大もととも言えます。

宇城塾 受講生の声

愛とは行動であり、実体のあるエネルギー

（宇城道塾　京都　販売業　43歳　男性）

講義で印象に残ったのは、

「脳が行動を決意してから、実際の行動を開始するまで0・2秒かかる。気はこの0・2秒の世界に入り込める（＝相手の攻撃を開始前に気で制する）。

0・2秒というのは、時計の秒針ではほとんど判別できない微細な振れ幅だが、自分という器を大きくしていくと（時計の絵の周囲一杯に大きな円を描かれ、秒針をスーッと延長して描かれて）こんな風に0・2秒の振れ幅も大きく見えるようになり、そこを捉えられるようになる。器を大きくしていく事が大切だ」

というお話でした。

講義の開始前、塾長が世界各国の出向いた先で出会った現地の人たちの写真や動画を、御自身のｉＰａｄをスクリーンにつないで上映して下さっていました。その、世界各国の人たちの生き生きとした表情がとても愛おしくて、その人たちとつながっている、同じ地球で生きているんだ、という感覚を覚えました。この世界の人たちを、他人事でなく仲間と感じる感覚を広げていく事が「自分の器を大きくする」事につながるのではないか、と深く感じ入りました。

瞬時に伝わる心のスピード

（宇城道塾　愛知　会社員　47歳　男性）

今回の受講で最も印象に残りましたのは、「心の力」ということです。

座った状態で相手の人に肩を押さえてもらい、立つ実践では、一度立ってから座り、それから立つと、肩を押さえられているにもかかわらず、立つことができました。この時は、肩を押さえられていても、自然に「立てる」と感じ、その通り立つことができました。

驚いたのは、相手の人の肩を押さえているときでした。最初に押さえていたときは、立てるとは感じないのですが、相手の人が一度立ってから座った後、肩を押さえると「これは立てる」、「強い」ということを感じたのです。おそらく、相手の人の「立てる」という心がこちらにも伝わってきたのではないかと思いました。

今回の実践・講義を通して、「心の力」がいかに大切かを感じられたように思います。人を幸せにしようという心、利他の心が自分を強くし、すごいエネルギーになるのではないかと思いました。そして、自分はこれまで、人を幸せにしようという心より、自己中心の心をもつことが多く、そのために自信が持てず弱くなってしまっていたのではないかと反省しました。

自分の欲や自己中心の考えは、その瞬間に周りや相手に伝わってしまうと思いますので、常に自分を戒めなければならないと思いました。常に良い心、皆の幸せを思う心を持っていたいと思います。

本当の意味での素直さを取り戻したい

（宇城道塾　大阪　高校教員　30歳　男性）

今回は、無意識と意識、無になることについて学ぶことができました。検証においてこれまでにしたことがあるものもあり、無意識という点について焦点をあて、もう一度行なうことで、その深さに気づくことができました。

正座をして、上から抑えられると立ち上がれない、居着く。座ることは立つことを意識すると立てる。これは「自分の感覚としてもわかっている」「これまでに何度もできている」と思っていました。しかし、これが大きな間違いであることがわかりました。立っている感覚を「意識」しながら座っている自分が、まさに間違いであり、そうしている時点で次元が違っていました。これまで先生から教わってきたことも振り返ると、頭で理解し、整理していたことがわかりました。頭で理解することは違うと、頭で理解していました。だからこそ、身にならず、継続しない。このことを痛感しました。

無意識の中ですべては決まっている。身体は善悪を知っている。自分を信じて生きていきたいと思いました。「できている」「わかっている」という自分の思い上がりを改め、とにかく無を大切にし、本当の意味での素直さを取り戻したいと切に思いました。

「生活のすべてが修行」の意味がようやく分かった　（宇城道塾　大阪　歯科衛生士　47歳　女性）

今回のお話の中では、正座している状態で肩を抑えられると立てないが、立ってから座るという連続した動作の中に、次の動きを居つくことなく円滑に行なえることを学び、普段の生活の中で、一つ一つの行ないをバラバラにしていては部分体と同じということがよく理解できました。

食事の時に、正しくお箸を持つ……それはできたとしても、その前の姿勢が足を組んでいたり、背もたれに悪い姿勢でもたれていたりしてはいけないとわかりました。挨拶一つをとっても、先生の前でいくらきちんとしたつもりでも、そこに行くまでの行動が自分中心であっては何にもならないうわべだけのものだと痛感しました。生活のすべてが修行とおっしゃる意味がようやく分かったような気がします。邪心を捨て、頭で考えるのではなく、心で行動する。あるいは正しい形で祈る、正座する、お辞儀をする。これらの積み重ねが0・2秒の世界へ入る糸口になるのかも知れません。変わりたい、変われる自分を信じよう……。

その思いを胸に、今年も学ばせていただきたいと思っています。

第四章

気とゼロ化——究極の武術の世界

武術必須の無力化

武術における究極の術技とも言える相手の無力化（ゼロ化）は、「戦わずして勝つ」にもつながります。それは無力化が相手の対立の意識をなくさせているからです。

その本質は、自分の内面の時間が相手より速ければ、相手の時間を先取りできるというものです。時間を先取りすると身体の持つ時系列によって、相手は身体を動かそうとする意識はあっても脳からの命令がストップされるため、すなわち意識と身体を結ぶ回路が遮断されてしまうため、身体の無力化が起こると考えています。

この状態からさらに一歩上の段階の術技として、気を発する方法があります。これはファラデーの電磁法則で言えば、銅線の中を流れる電流の周り、すなわち銅線の外に磁界ができるのと同じく、自分の身体に気が流れると、回りの時空に気が及び、やはり身体の持つ時系列に及び、相手をコントロールできるというものです。その結果、無力化であったり相手を固まらせたりなど、いろいろな事が可能となります。

まさに戦国、江戸時代、幕末に開花した無刀流の根源は、これらの無力化にあったのではないかと考えられます。また無力化の本質は、こうした身体の持つ時系列の時間のコン

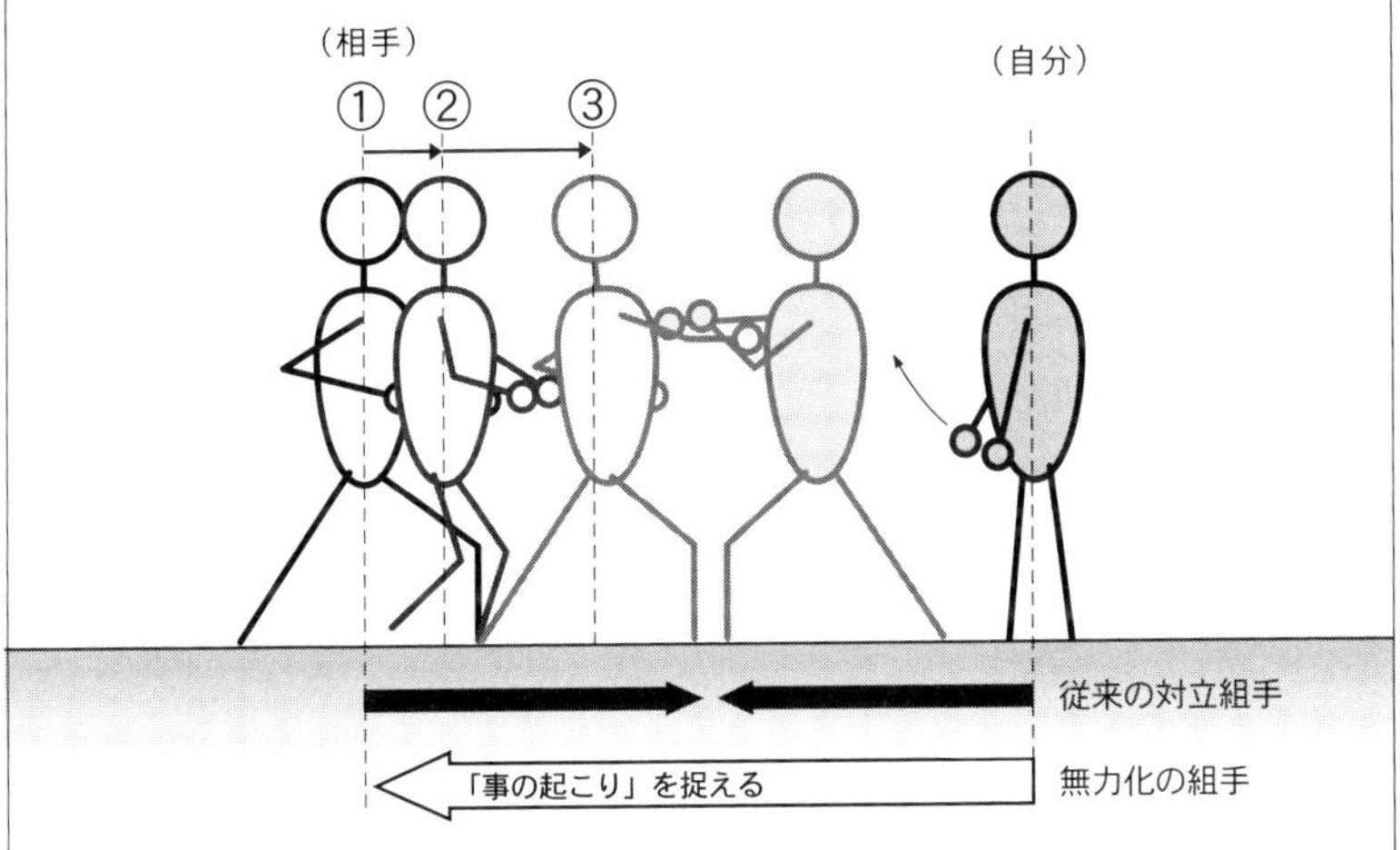

図8．時間の先取りによる無力化（ゼロ化）

トロール方法と言えるかも知れません。

図8に示すのは、この時間とゼロ化の関係を具体的に実践で証明している例です。図のように①②③としかけてくる相手の攻撃に対処する時、従来であれば相手の攻撃を③の段階で「受け反撃」という形です。

しかし、無力化の場合は、この構えている①の段階で、すでに相手の心を制して捉えているのです。相手の①から②③への動きは「意識して」という脳の命令によるものです。この状態は身体の時系列からするとすでに遅いのです。従ってこの段階でこちらからすると「相手が来る」という動作はすでに内面として見えているので、相手が③で突いたつもりでも、すでにその段階では、相手は無力化された状態になっており、簡単に崩す事ができるのです。

内面のスピードは「時間の先取り」ができ、相手にとって①の段階も今、②も今、③も今なのですが、こちらはすでに時間を先取りしているので、相手の時間はどの段階においても、こちらからすれば常に過去形になっているのです。それは先ほど述べたベンジャミン・リベット博士の言っている無意識の時間、すなわちゼロから0・5秒までの時間帯、その意識できない無意識の時間をコントロールしているからです。さらに私の気や内面のスピードの場合は、相手が無意識で行動する0・2秒より以前の段階を捉えており、当然本人は無意識の状態であるので、自分が入られている事に気づく事はありません。（107頁 図6参照）

実際のこの無意識の時間というのは、神経の持つ時間0・0001秒よりも速い時間に働いていると思います。光や電波の速度は30万㎞／秒。俗に1秒間に地球を7周半回るというスピードからしても、一種の電磁波のような気は、そういう速い時間帯にあると推測されます。ベンジャミン・リベット博士の実験によって得られている0・5秒以下にある無意識の時間というのは、当時の測定器による測定上の精度や誤差などがあっての数字のように考えられますが、身体の時系列からして、また気による動きなどから察すると、実際の無意識下の時間というのは、1～2桁速い時間域にあるのではないかと考えられます。いずれにせよ、ベンジャミン・リベット博士の実験結果は、無意識の時間と無意識の行動時間、そして意識できる時間というのが、人間には時系列として明確にあるという事を証明した事には間違いなく、画期的な発見だと言えます。しかしここでも科学が部分分析として後追いしている事が明白なのは、「無意識と意識の時系列がある」事実が科学で分かったという事であって、その内容を「活かす」こととはまた別であるという事です。一方武術の術技や気という事実は、すでにそのメカニズムを活かしている世界にあります。それは、そこでは人間を部分体としてではなく、統一体として捉える世界だからです。現在の科学に見られる分析認識は、部分体としては真実であったとしても、統一体から見た認識でなければ、せっかくの発見も活かせないという事が言えるのです。

武術必須の中心

先の無力化は簡単に言えば、時間の先取りによるものですが、さらに別なゼロ化の手法として中心による方法があります。図9は、組手を上から見たものですが、通常は①のように相手の攻撃に対し、相手の攻撃線を左か右に少しかわしてさばき、反撃とします。

しかし自分に「中心」という内面ができていると、相手との攻防において**相手Aは外面、自分Bは内面**となります。

②の攻防で言えばAの攻撃に対してBが中心をはずす事によって、Aからしたらまっすぐ突いていっているようでも、Bからすると内面の中心をずらした分（アからイ）、Aは実体のないBの虚（イ）に向かって攻撃をするわけです。Aは外側にずれているのです。幾何学上はあり得ない話なのですが、中心の存在によって虚と実をつくる事ができ、その事によってやはり一種のゼロ化が起きるのです。すなわち、この中心がずらされると、AからするとBに虚と実の二つが現われ、Bが動く瞬間、相手AにしたらBが幽体離脱したような現象が起きているという事になります。

また③は、この中心をずらす事によって相手Aの中心視野（イ・実）に対し、見えているけれども動きに対して反応できないという周辺視野（ア・虚）のところでBが動くというものです。すなわち、AはBが移動しているのが見えても、Bが中心視野からはずれる

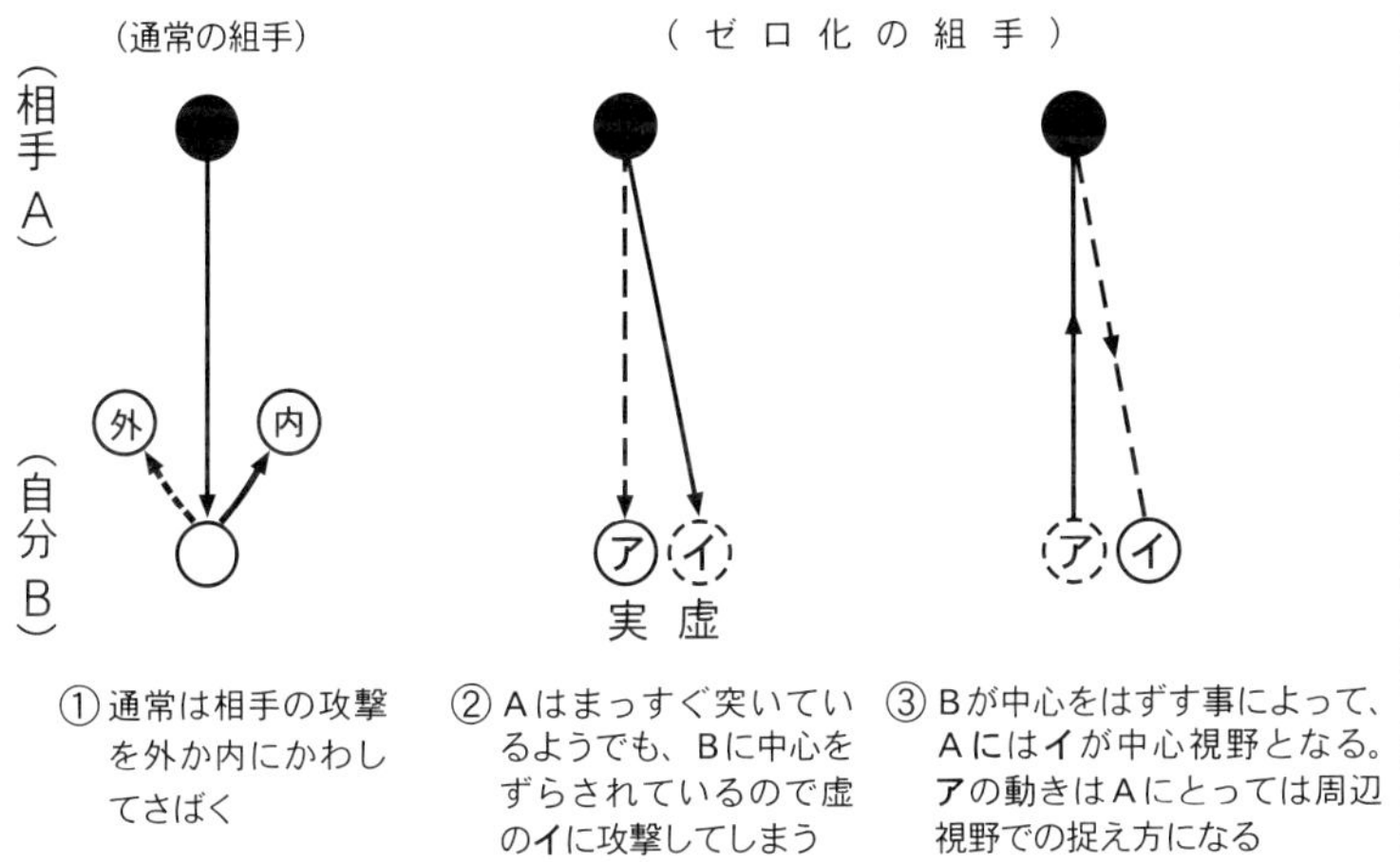

①通常は相手の攻撃を外か内にかわしてさばく
②Aはまっすぐ突いているようでも、Bに中心をずらされているので虚のイに攻撃してしまう
③Bが中心をはずす事によって、Aにはイが中心視野となる。アの動きはAにとっては周辺視野での捉え方になる

図9．中心をはずす事によるゼロ化

ため、一瞬消えたように感じ、その時点で相手はもう軌道修正ができない状況になっているのです。

この中心視野、周辺視野という事も科学分析の結果として分かった事ですが、科学は常にこの「結果」をもって全てを片付けようとします。すなわち「周辺視野だから見えているが動きが捉えられない」というように。通常、中心視野というのは腕をまっすぐ伸ばしたところの親指の爪くらいの大きさにあります。しかし気は、科学でいうその中心視野を広げる事ができるのです。ですからその分、周辺視野は小さくなります。ここにも分析科学の後追いと課題があります。

中心をつくる

ここに独楽《こま》があります（図10）。独楽の軸がずれていると独楽は回せません。従って独楽の軸は正確な位置の中心になければなりません。次に、独楽を回す事によって回転という芯ができ、エネルギーを持ちます。すなわち、回転がかかった独楽は下へ食い込む力や、触れると弾き飛ばす力などが出ます。また回転が速ければ速いほど、独楽はあたかも止まっているように見え安定も増します。この回転のかかった芯の存在によって独楽はぶれる事はありません。しかし、回転が弱くなってくるとぶれてきます。

型の稽古は、この独楽のメカニズムのように、一つには自分のなかに統一体としての中心をつくる事を教えています。さらに型にはいろいろな技が集積されており、その技の意味を理解し、それを使えるようにするために分解組手があります。分解組手は実際相手との攻防において型の技を検証していくわけですが、ここで大事な事は、型によってつくり上げた中心を、この分解組手を通して内面の回転力をつくるという事です。それは、この回転によって生み出される芯が分解組手を有効にするからです。独楽の中心と芯が型と分解組手を通してつくり上げられ、それが型と組手の一つの理合にもなるからです。すなわ

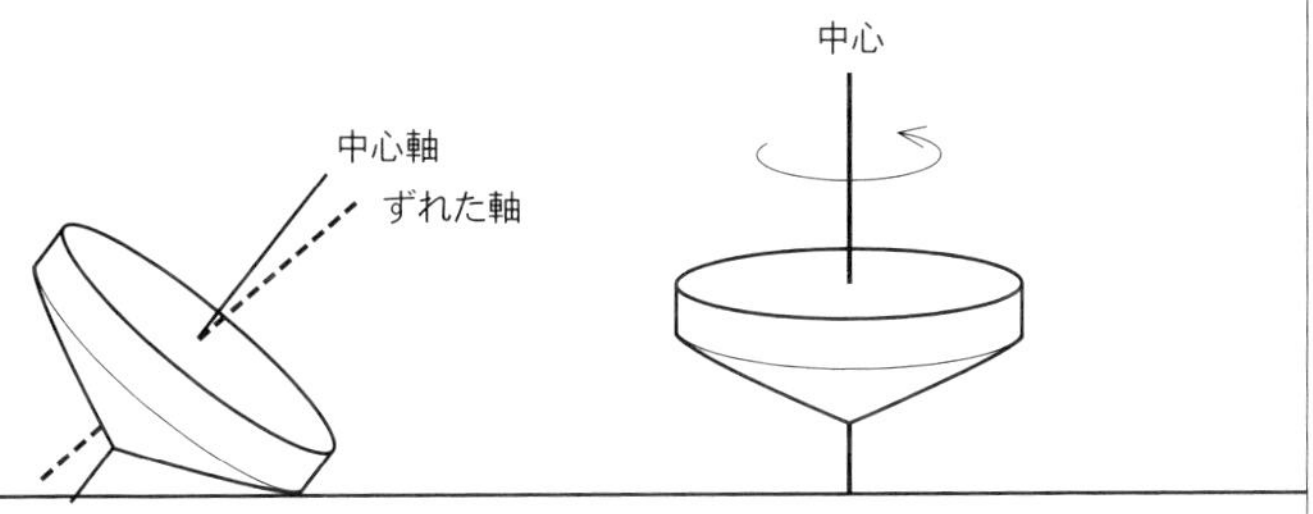
ずれた軸では、回そうとしても回らない
中心に軸があってはじめて独楽は回る（＝芯）

図 10. 独楽の中心と芯

ち事理一致です。その「事」によって時空を制し相手を包み込む事ができ、相手と調和する事ができます。

この事は人間関係にも活かす事ができます。まさしく今における伝統武術の稽古、修行、価値がここにあります。時代は変わっても、その伝統の本質を見失わない「不易流行」として現在に活かせるという事です。

中心をずらす

さらに自由組手は、この独楽の回転の度合いに比例し内面の回転が高速化すればするほど、芯は強くなり、かつ、内外の「動中静」あるいは「静中動」として自在に変化し、相手との調和融合ができます。組手では、このように型でつくった中心から、さらに芯をつくらないと中心だけでは居つきになります。この型による中心、そして芯に至る進展があってこそ、武術空手に必須の術技は有効的になると言えます。

伝統文化としての先人の残してくれた型に魂を入れる、すなわち、型とその分解組手を通して術技の土台となる自分なりの中心、芯をつくってこそ、自分にとっての生きた、使える形になると言えます。まさに「型から形へ」です。

独楽は幾何学上の中心がずれたら回りません。中心に軸があって初めて独楽は回ります。この回ってできるのが芯です。中心をずらすとは、実際はこの「芯をずらす」という事です。人間は固体ではなく生命体なので、中心ではなく生きた芯でなければなりません。また中心は「中」＋「心」と合わせもって「忠」と書きますが、まさに人間の芯としてぶれない心のあり方にもつながっていきます。

心の発動

「心の発動がそのまま技となり形となる」この心の発動とは、心に応じるという事ですが、

中心（芯）によって、相手の突きを弾き飛ばしているところ　空手実践塾

武術で重要な「相手に入る」は、この「心に応じる」があって初めて可能になるものです。なぜ心の発動なのか。一般的に相手に入る動作というのは頭の命令、すなわち意識が先行して身体を動かすというものです。この入り方は、外面的な速さでの入り方なので、内面的な入り方とはその次元を異にします。つまり身体の持つ時間の順序において心の発動は百万分の1秒という時間を持つ細胞に働きかけ、かつ統一体としての動作になるのに対し、一方の意識の命令は神経経由の筋肉となり、かつその動作も部分体動作となります。すなわち心の発動は内面の動作として相手の時間より自分の時間が速くなり、自分の「今」に対し、

相手は過去形になるので、先が取れ、入ることができるわけです。

武術の重要な位置付けとして、「先」の教えがあります。「先の先、待の先、後の先」という宮本武蔵の『五輪書』に出てくる三つの先です。また「体と用の先」という伊藤一刀斎や幕末に活躍した無刀流の山岡鉄舟が体現していた先があります。すなわち「先」とは相手の攻撃の「起こり」を抑えるなど、内面の時間のスピードによってつくられる武術の究極の術技とも言えるものですが、その大もとにあるのが、やはりこの心の発動です。


このように身体動作には「頭（意識）による発動」と「心による発動」があります。通常ほとんどが頭の命令か意識による命令です。例えば野球などでボールが飛んでくるのを受け止めるといった無意識に行なっているような動作でも、それを目で見て、という部分体動作になり、すでにこの時点で意識が働いているのです。しかし「感じる」という見え方があります。これはその後の身体動作は統一体としての「心の発動」による動きになります。

反射神経による動きというのもありますが、これは意識の世界の慣れからくる動きであり、心の発動による動きとは大きく異なります。それは心の発動は同時性多次元の動きができるのに対し、反射神経は一次元の動きしかできないというものだからです。このようにスポーツと違って武術には、「心の発動」は必須です。しかしスポーツも、この「心の発動」を取り入れることによって、現状から飛躍的な発展を遂げることができると思っています。

次に分かりやすい実践事例を示します。

写真A

竹刀を持ち、先端を相手に向け構えます。相対した相手にその竹刀の先を瞬時に掴んでもらいます。それを取られないように竹刀をその瞬間上に上げるのですが、この時、相手に「取られまい」とすると逆に取られてしまいます。それは「取られまい」とする意識が頭で働いている証拠ですが、その「取られまい」という意識が居つきとなるのです。従ってそれが相手の動きに間に合わなくさせるのです。これは頭による発動であって、心の発動ではありません。

これを心の発動にするにはどうしたらいいかと言うと、それは、「取られまい」ではなく、相手に自分の心を開き、相手と調和します。その事によって相手の動き、事の起こりが読めるようになります。だから相手の何かを感じた時に竹刀を上げたらいいのです。すなわち心を開くと相手の全体が見えるようになり、雰囲気が読めるようになり、従って相手の掴みにくる気配を感じ、先に竹刀を振り上げる事ができるのです。
またここで分かる事は、「取られまい」として相手が動く前から姑息《こそく》に竹刀を先に上げるような事をすると、その時の心なしの身体は浮いていて、別の角度から押されると、いとも簡単に崩れるほど弱くなっていきます。つまり身体は正直で、嘘やずるをすると身体は弱くなる。これに対し、ただ竹刀を上に上げただけ、あるいは全体を見て上げると、身体は強くなっている事が分かります。ですからここで、「取る、取られない」というお遊びにならない事が肝要です。この検証で、「心の発動」と「頭の発動」による身体の動作が根本から異なる事がよく分かると思います。心の発動には、さらに次の段階があります。

写真B

今度は竹刀を持つ人間に対してこちらが気で入ると、すなわち身体の持つ時系列において相手の無意識に働きかけると、相手は固まってしまい竹刀が上げられなくなります。気で抑える一例でもありますが、第三者が竹刀を持った人の手を持ち上げようとしても持ち上がらないほど、固まってしまいます。本来はここまでいかないと相手を制したとは言えないという事です。

写真A

①「取られまい」とすると逆に竹刀を取られてしまう

②相手に心を開き、何かを感じた時に竹刀を上げると取られない

道塾合同合宿

写真B

①心の発動によって相手の無意識に入ると、相手は固まってしまい竹刀を上げる事ができなくなる

②固まっている人の手を第三者が持ち上げようとしても上がらない

大阪道塾

次章で詳しく述べますが、人間は常に重力が働く時空のなかに存在しかつ重力で守られています。気のエネルギーは、重力と調和し、さらに強い重力をかける事ができます。従ってその人の体重の何倍もの重さが重力の変化によって加わるので、自分の意志とは関係なく身動きができなくなります。これは動けなくなるという意味で、別な表現のゼロ化とも言えますが、相手を固める技と言ってもいいかも知れません。

また次の事例は頭脳偏重の人によく見られる例ですが、実は危険な状況と言ったほうがいいかも知れません。というのは、頭脳偏重の人は頭が先に働き、心を閉じる傾向があるからです。その結果、身体も閉じ、身体が置かれた状況を無視し、かつ身体は感じているにもかかわらず、それを無視して頭の命令で動こうとします。一見何事もなかったかのように起き上がったり、動いたりしてしまうのです。実は、この時の状態というのは、自分の身体を守っていた時空と重力に逆らって、そのつながりを自ら切る結果となっており、身体が非常に弱い状態にさらされてしまっているのです。従ってその状況下で身体を押したり、あるいは竹刀で叩いたりして検証すれば、身体が明らかにしかも極端に弱くなっている事が分かります。まさに身体を支配している優先順位、時系列が、頭より心にあることの証明でもあります。すなわち頭で感じる事と、心で感じる事では大きな差があるという事です。

このように時空には重力というエネルギーが存在していて、我々はそのエネルギーに包まれていると言えます。従ってそのなかで心を閉じる、すなわち時間が止まるという事は、身体の呼吸も止まり時空で孤立する結果となり、エネルギーをシャットアウトするという事なのです。しかし逆に心を開いて時空に合わせる事ができれば、そのエネルギーを得る事ができ、例えば1対10や、1対50など多人数を相手に押したり引いたりする事ができるのです。また気の効力は、自分のみでなく第三者にも同じ事をやらせる事ができます。さらには気によって多人数のなかで、ある一人だけにできるようにし、他の人はできないようにしたり、あるいは女性だけができ、男性にはできないようにしたりする事ができます。思いがその通りになるというものです。これは、実際に道塾や実践塾ではよくやっている事例なのですが、これについての説明は今の段階では難しく、そのうち解き明かせるのではないかと思っています。

このように心の発動がつくる時間によって人間の潜在能力を発掘できるにもかかわらず、現在のスポーツや教育はそういった時間の世界を軽視しているか、あるいはまったく気づいていない状況にあると言えるかも知れません。大事なことは、部分体としてのあり方から統一体としての心と身体のあり方に早急に気づき変化していくということだと思っています。

宇城塾 受講生の声

武器の意味をなくすゼロ化

（空手実践塾　東京　会社員　40歳　男性）

稽古では、相手をゼロ化するということの大切さがわかってきました。大勢に押さえつけられたところから脱出する、メリケンサックを持った相手に対峙するというのを体験して、自分がいくら力を使っても、逆にいくら脱力しても全く通用しません。逆に先生が実践するところを見せて頂いたり、メリケンサックを持って対峙させて頂くことで、自分だけでなく相手をゼロ化しなければ技が通用する訳がないことがわかりました。特に私がメリケンサックを持って、先生と対峙させて頂いた時に、先生の攻撃を受ける時に全く自分の身体に力が入らないことを実感しました。なのでメリケンサックを持っている意味が全くないことがわかりました。

無力化はまさに「蛇に睨まれた蛙」

（空手実践塾　神奈川　サービス業　42歳　男性）

今回は先生の技を何度か受けさせていただき、その感触を知ることができたのは大きな収穫です。私の攻撃を先生にかわされると重心が浮いて不安定になり無力化されているのがわかります。こうなっては身動きすらとれなくてどうすることもできません。まさに「蛇に睨まれた蛙」

状態です。こういう感覚は実際に体験しないとわからないので、とても貴重な感覚を身体に残していただけて良かったと思います。

時間の先取りから得た気づき、道しるべ

（宇城道塾　岐阜　会社役員　50歳　男性）

初級、中級、上級と宇城先生のご指導を受けてこられたことに本当に感謝しております。先生と私たちの違いは何なのだろうか？　同じ人間であるはずなのになぜ先生は超人的な能力を発揮できるのか？　いくら考えてもわからない世界がそこにはありました。

今思うことは、先生と私たちとでは実は異なる時間軸にいるのではないかということです。石ノ森章太郎氏の『サイボーグ００９』という漫画の主人公には「加速装置」という能力があり、他人の何倍ものスピードで動けるという設定でした。彼から見ると他人の動きはスローモーションのように感じるわけです。それと同じように宇城先生から見ると私たちの動作はスローモーションのようなのでしょう。だから先を取られてしまい無力化されるのでしょう。その時間の差は身体動作だけではなく日常生活や仕事のうえでも同じで、人より早く気づいて先回りして行動したり準備したりする人と、事が起こってからようやく動く人がいるといった違いがあります。

言われる前に気づいて行動する人とそうでない人とは大きな差があります。考える前に行動できなければ遅れをとる＝武術では死を意味し、ビジネスの世界では会社が大損することや倒産することもあり得るわけです。「迷い」「恐れ」「疑い」「侮り」武術の世界でよく言われる四つの戒めです。考える、ということはこれらの事が生じるということなのでしょう。

生命の危険にさらされたときにこれらのことが心の中に生じれば、体は居つき自分は無力化されてしまいます。そしてそれが生じる根源は「欲」なのだろうと思います。「何かを捨てなければ得られない」という先生の教えの何かとは、私は欲を捨て去ることだと思いました。考える、ということは損得を考えている、ということなのだろうと思いました。その間、細胞は止まっているのでしょう。

受講を終え、自分自身の未熟さや覚悟の無さを思い知ったわけですが、同時にこれからどうすべきかの道しるべを見つけることができた気がします。

〝柔らかいエネルギー〟に見た「心の発動」

（空手実践塾　東京　会社員　41歳　男性）

先生が出される気によって動かされたとき、そして投げられる瞬間に、全く筋力的な反応や反射神経でもない、非常に柔らかい何かに全体が包まれることを体験させて頂きました。３つの検証内容を挙げます。

まず、先生の頬に、自分の拳を下から上へ向かって当てさせて頂き、そのまま自分のありたっけの力で拳を押し込むことをさせて頂きました。通常でしたら、何か筋肉の硬直、あるいは、緊張があっていいはずなのですが、先生の頬には全く何の反応もなく、柔らかいままです。むしろ、私が力を入れるほど、逆に私の身体は腑抜けの状態になっていきました。そのまま先生がお辞儀をすると、私は後方に転がっていきました。後方に転がされる直前、先生の頬を支点として自分の拳に力が伝わっていないこと、そして、何か（気）が、足元を除く身体全体が後方へ動かしていることを感じとりました。今度は、私の腰に２人がしがみついた状態で、先生の頬に拳を当て下から突き上げると、がっちり押さえた２人を含め、後方へ転がりました。この時にも同様、頬を支点にしたのではなく、且つ、しがみついている人と私の間には反発や抵抗等は一切ありませんでした。

次に、先生の腹部（帯周辺）に縦拳を当てさせて頂きました。私の後ろに10人ぐらい並び、両腕で前方の人の両肩をしっかり押さえている状態です。そして、頬の時と同様、先生の腹部に思い切り拳を押しこみました。しかし、先生は全く平気な様子で、「どうした?! もっと本気で突いて来い！」とおっしゃいました。先生の腹部には全く力が入っておらず、柔らかなままです。拳は先生の腹部にめり込んでいる状態なのですが、力を入れれば入れるほど、こちらは腑抜けになっていきました。突然、先生の腹部は膨らみ、私は30センチ程、後方へ押し戻されました。その瞬間、自分一人だけが後方へ押し戻されたように感じ、弱いエネルギーなのでは？

と錯覚しました。しかし、後ろを振り返ってみると、後方から応援していた列にエネルギーが浸透していっており、より後方で応援している人ほど、後方へふっとばされていきました。自分一人だけと感じたのは、先生の腹部を支点としておらず、且つ、後方から押していた人と私の身体の間に、衝突や抵抗等が全くなかったからでした。

最後に、先生対5人との腕相撲の検証です。しかも、合図の開始前は、先生の腕が水平に押さえ込まれている状態です。先生の手を握る私の腕を、他の4人が応援して押さえてくれました。しかし、開始合図がかかると同時に、力を入れている5人とも、すぐに腑抜けの状態になり、上から押さえていた私の腕がゆっくりと回転を始め、先生の腕が下から上になりはじめ、そして、押さえつけようとしている方向の逆に5人そろって転がりました。先生の手には緊張や、筋肉が硬くなったことは感じられませんでした。また腕を通した支点ではなく、柔らかいエネルギーで5人全体が動いたことを感じました。

以上3つの事例を挙げさせて頂きました。私が感じていた、全体を動かす柔らかいエネルギーというのが、先生がおっしゃっている「心の発動」なのだと思います。

ご著書『子どもにできて 大人にできないこと』にもあるとおり、子供の筋肉は量的に大人より少ないのに大勢を押したりできるのは、子供の心が澄んでいること、その澄んでいる心が相手を包むエネルギーを生むのだと思います。職場に置き換えると、人間関係で衝突が起きること、スムーズに仕事を回せていないこと等が当てはまると思います。これは、先程の検証から行くと筋肉を使うような仕事となっている、その根本には、仕事への対価・順位（成績）・優劣を気にしている仕事をしているからだと思います。

先生が「人の2倍、3倍働け」とおっしゃることには、順位・優劣でなく、心から仕事を取り組むことなのだと思います。職場において「心の発動」を目標に実践していくのは大変難しいことです。しかし、僅かな所からでも行動に起こしていきたいと思います。それが、周囲との融合を生み、課や部、そして会社全体を動かしていくエネルギーになるのだと思います。

（宇城道塾　千葉　医師　70歳　男性）

宇城先生の言った通りに変化した

心が変化すれば気が変化するということを教えていただきましたが、3人がしっかり掴んだ棒を持って倒すという検証の時に宇城先生が、「出来る」「出来ない」と1人とばしに塾生に言われて席をはずされました。しかし、その言葉の通りになったのには心底驚きました。私も棒を持った数人を倒すことが出来ましたが、自分では出来ない壁とは何なのだろうと感じます。

また、自分の手の平のものを宇城先生に取られないように手を閉じるという検証では「タカはこうして取るよ」と言われてやって見せていただきましたが、不思議なことに私の手が閉じにくくなったのも驚きました。先生の心が何か根源に働きかけていると感じました。

第五章

気と重力——重力をコントロールする気

人間力の大もとにある重力

植物は土から養分をとり育ちます。従って砂漠のように土地が痩せているところではほとんど育ちません。人間も生きるために栄養をとる必要があり、それが「食べる」という事です。しかし、宇宙、地球という大きな連鎖のなかで生かされているという考えに立つと、「人間として『生きる』とは」というテーマを与えられて生を受けたのではないかと思う時があります。それは人間には無限の潜在能力が備わっているからです。能力を発揮するエネルギーの大もとが、持論ですが地球の重力にあるのではないかと考えています。

一つの例で言いますと、人間の重さ、すなわち体重は一定で変化する事はありません。しかしその一定のはずの体重を変化させる、すなわち重くするという常識では考えられないような事ができます。この実践事例は何を意味しているのでしょうか。それは何らかの形で重力が作用しているという事です。この現象を別の角度から見ても、やはり重力が作用しているという考えに至ります。それはその人の体積は一定で変わる事はありませんが、体積が同じで重たくなるという事は、密度が高くなっているという事が言えるからです。密度が高くなるという事は、例えば、普通床に寝ている人には痛がるので腹に乗る事はで

手を掴む人を寝たまま投げる事ができる
東京道塾

気が通り身体の密度が高くなると
乗られても痛くない

きませんが、重くなった状態では、同じ人なのに乗っても痛がらなくなります。さらに寝ている人の手を別の人が掴みます。通常だと、その寝ている人が掴んだ人を投げようとしてもびくともしませんが、掴んだ人をそのまま投げる事ができます。まさにその力は、重力によって体重以上の重さや密度が生じた結果、得られたパワーとしか考えられません。しかし、この事例現象は目に見えない力だけに、その説明には苦慮するところではありますが、人間の潜在能力を示す重要な例なので、あえて説明したものです。

　この目に見えない力というのは、19世紀ファラデーによって初めて発見された電磁法則に当てはめると分かりやすく説明ができます。すなわち、電力源によって銅線の中を電流が流れると、その銅線の外に磁界ができる事は、今となっては誰もが知っている法則ですが、この電線に流れる電流も、その回りにできる磁界も、目には見えないエネルギーです。それと同じく、地球の重力源によって人間のなかに気が流れ、その回りに気界（持論の仮名称）が生じているのではないかと推測すると、今、やっているいろいろな実践事例が全てうまく説明できるのです。そしてこれらの事象が事実として先行している事を受けて、私はこの「実践事実という結果先にありき」を、一般で言う仮説に対し「絶対仮説」として位置づけているところです。

気による重力との調和

重さの変化に重力が作用している事が分かりました。ではその重力を自由にコントロールし、もしくは重力とうまく調和させられる、その大もとは何か。それが「気」にあるという事です。次の箇条書きは、ここに至ったプロセスを前述の内容とも合わせて分かりやすくまとめたものです。

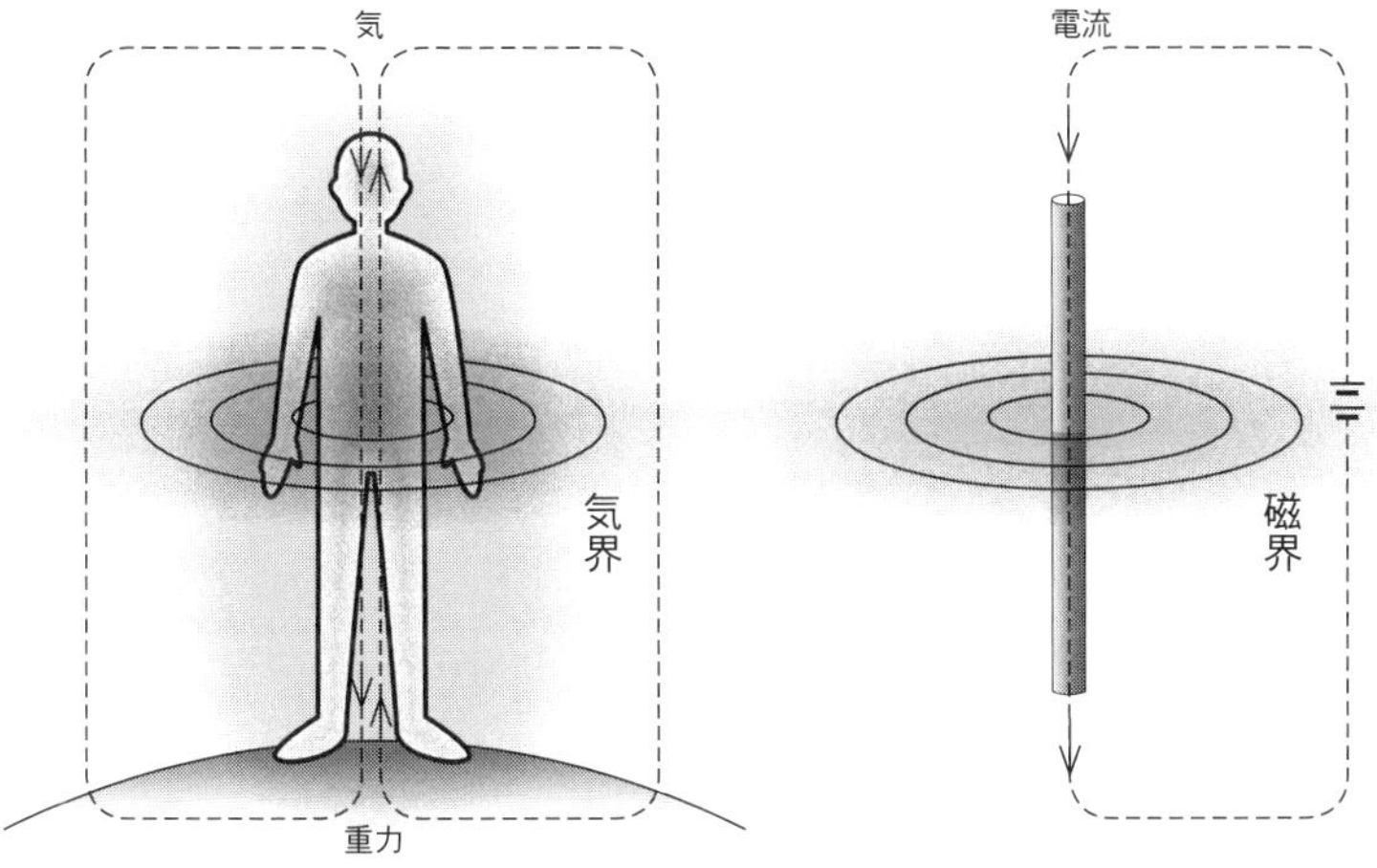

図 11. 磁界と気界

①自分の重さを変えられる。その重さというのは体重計では同じであるが、何人かの人に持ち上げてもらっても、持ち上がらないという事実。

②第三者を気によって同じく①のようにする事ができる、という事実。しかも多数の人を同時にできるという事。

③その重さは今の自分を基準にして、重くも軽くもできるという事。例えば80 kgの人が50 kgの人より軽くなったり、50 kgの人が80 kgの人より重くなったりを可能にする事ができるという事。

④ それは重さの変化だけでなく、身体が強くなるという事。だから通常、腹や太ももなどに乗ると痛がるので乗れないが、乗ってもどうもなくなるという事。

⑤ まったくできなかった投げ技を簡単に誰に対してもできるようにさせる事ができるという事。

このようないろいろな変化が瞬時にしかも多数に対しできるようになる事からも、気は重力を自由にコントロールできると考えると、全てが説明できるのです。

重力をコントロールするとは非常に横着な言い方ですが、言い換えると、地球と調和する結果、重力とも調和する、そのアナログのスイッチが「気」だと考えています。

自然界の法則こそ人間の生きる道

ところが現在においては、体重が70kgの人と80kgの人とを比べたら、質量からしたら80kgのほうが重たいとするので、今のスポーツでは体重別で競う事になるわけですが、それは部分体を基準とする考えからです。いくら水泳で金メダルを取りそこに人生をかけても、イルカには勝てませんし、空手でチャンピオンになったとしても、ライオンの檻には入れません。まして人間は空を飛ぶ事すらできないのです。部分体を主体とした競技スポーツばかりに目がいくと、「人間はなぜ、何のために生まれてきたか」という大事な事を考える力を失いかねません。その結果、人間力低下や崩壊が起きるおそれがあると思っています。

気によって見い出される法則とは、自然を支配する科学の法則ではなく、人間がどうしたらそのなかでより良く生きられるかの法則であると言えます。ですから当然そこには腕立てなどをする必要がないという事が言えるのです。自然の法則が分かれば分かるほど、それが人間の生き方を教えているという事が分かるのです。

そういう統一体の身体と、部分体の身体とではものの見方も考え方も違ってきます。統一体の身体では、未知への答えが出てくるのです。ですからどんどん前に進める。自分がどうしたらいいのかという答えが見えてくるのです。そしてなぜ自分がそのような考えを持ったかがあとで分かってくるのです。それを、筋トレをしてしまうと、そうした事が全て消えてしまい、身体の重さもスピードも、また人間としても重さもスピードも出てこなくなってしまうのです。

ここで、人間が自然体に持つ重さについて検証します。

検証① 精神論がつくる身体の軽さ

まず、2人1組になり、後ろになった人が前の人をゆっくり抱き上げてみます。それが今の普通の重さです。そこで、前に立つ人が、今度は気合を入れて持ち上がるまい、としてみてください。本人は重たくなった気にはなりますが（精神論）、実際は先ほどよりも逆に軽くなっているのが分かります。すなわち、頭でいくら重くなると思っても、結局その事が精神論でバーチャルな重さとして非現実で意味がないという事です。

検証② 自然体がつくる身体の重さ

今度は、前の人が自然体に腕を組んでみます。すると、何もしないで持ち上げられた時よりぐっと重くなっているはずです。今度は反対に、不自然ですが腕をあえて逆にして組んでみます。すると今度は軽くなっているはずです。

この検証から言える事は、

普通の重さを確かめる

検証①
気合いを入れて持ち上がるまいとすると

（精神論）普通よりも軽い

検証②
自然体の腕組みでは重い

逆に組むと軽い

東京道塾

①　普通の自然体としての腕組みだと重くなる
②　意識した、自然体に逆らう、すなわち不自然の腕組みだと軽くなる

人間として生まれ持っている自然体としての身体、あるいは日本伝統文化や躾として自然体に備わっている身体動作、例えばお箸を正しく使って食べるなどは、無意識化されたものとして自然体です。ところが、右利きの人が左を使おうとすれば、意識しなくてはなりません。この時の状態で身体を持ち上げると、その人は軽くなっています。すなわち、重力がオフになり、気が流れなくなったと考えられます。

写真1　通常は簡単に持ち上げられてしまう

無意識時間のコントロール

通常複数の人に身体を持ち上げられると、写真1のように簡単に上がってしまいますが、この実践検証例（写真2①②③④）では、一つには自分を重くして持ち上がらないよ

写真2

① 相手の無意識に先に回転をかけておく

うにするという事、もう一つは同時に事の起こりを制し、すなわち持ち上げようとした瞬間、すでにこちらの内面の力によって相手の0・2秒の無意識の時間に入り、そこに気によって螺旋《らせん》の回転をかけておきます。すると、全員が持ち上げようとすると、重力でコントロールされて持ち上がらないのに加え、内面の気によってすでにかけられている

② 持ち上げようとしても持ち上がらず、かつ

③ 内面の回転力によって回り出す

④ 回転が勝手に加速していく

空手実践塾

螺旋の回転に従って、全員そのかかった方向へ回されてしまうという事を示しています。

これは時間を先取りし、０・２秒の無意識のところに気が働いていて、それが先にインプットされているので、意識した時には勝手に回ってしまうという事を示しています。従って持ち上げようとすればするほど、回転に加速がかかっていき、崩されてしまうのです。これがベンジャミン・リベット博士の言う無意識の時間であり、その世界に気によって入る事によるゼロ化であり、時間の先取りであり、また気は重力をコントロールしているという証であると言えると思います。すなわち、

「身体は内なる気に応じて動き、気は心の向かう所に応ずる」

「心の発動が　そのまま技となり　形となる」


というまさに武術の極意と相通じるものである事が分かります。

無意識の時間帯がある事はベンジャミン・リベット博士によって解明されていますが、人間に何故そういう時間帯があるのか、またどうしてそういう時間帯が与えられたのか、そういう事に対しての答えはなく、ここにおいても科学が人間を後追いをしている事が分

$$\text{生き方の基準} = \frac{\text{今の自分}}{\text{未知の世界}} = \frac{\text{自分}}{\text{謙虚}}$$

かるのではないかと思います。

未知の世界を分母とする

以上から言える事は、身体が統一体となり重力ができ地球とつながる事ができると、人間というのは本来、これまでの写真が示すように、あり得ないほどの力を発揮する事ができるという事です。

このような身体にはその身体に応じた思考や行動があるのであり、当然部分体の人のそれとは違ってくるわけです。逆に言えば、部分体の人は、こうした検証すら思いつきません。統一体のあり方に立てば、部分体のあり方は人間力としての本筋から離れたところで一生懸命やっているようなものであると言えます。よくスポーツなどでは、気合を入れるため、あるいは理解させるために、叩いたり叱責するなどが見られますが、それは、その人の進歩、成長にはつながりません。身体はそういう方法では決して強くはならないからです。また怪我が多いのも当然と言えるわけです。

部分体から統一体で考え行動する人間になってほしいと願っています。統一体とは母なる地球の重力とつながってできる人間力の基本と思っています。そしてこれらの根源は、みな心からきているのです。

すなわち生きる根源に未知の世界を分母とし、今の自分を分子にするというものです。それとは逆に、分母に今の横着な自分を置く事になれば、今の自分から脱却できないのは当然の事であります。常に未知の世界を分母に置き、自分の知っているわずか1％にも満たない世界を分子に置く事によって、今の自分の横着を捨て謙虚になる。この事が今、最も求められていると思います。

未知の世界、すなわち真理（＝普遍　絶対事実）を分母とするという大きな前提条件があるからこそ、分母の完成された生命体に対して、分子である科学が後追いするのは当然であり、自然な事であるのです。

そしてこの生き方こそ、精神論でない真の身体の覚悟をつくります。私は覚悟というのは、地球とつながるからこそできるものであると思っています。幕末の頃の人たちの肚がみな据わっていたのは、未知の世界を分母とする生き方が土台にあったからであり、また、大、

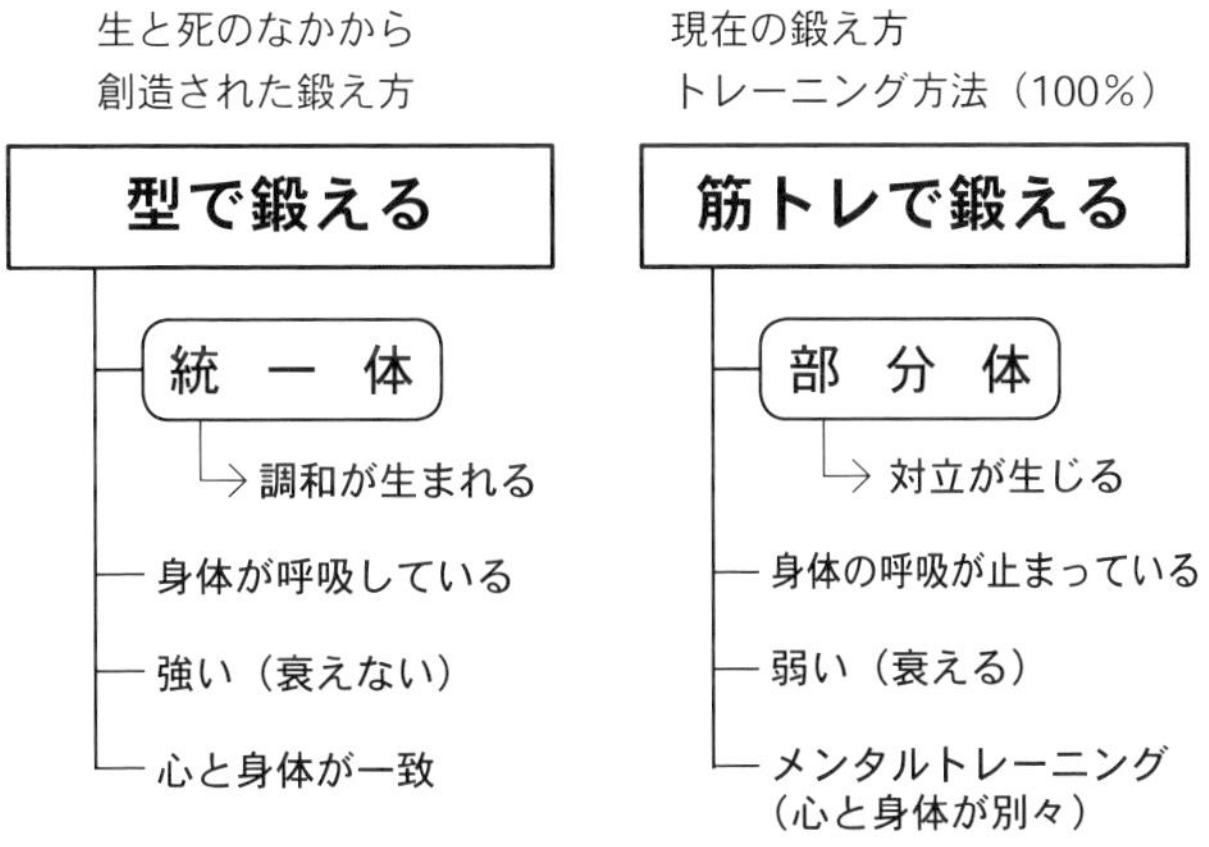

図12. 身体の鍛え方

少の刀を二本差すというように、常に生と死の覚悟の上に日常があったからこそ、地球とのつながりが強くなり、そこから得るエネルギーが人間としての強い時代を形成したのではないかと思っています。

型で身体を鍛える

身体を鍛えるという時、器具などを使って筋トレで鍛えるのが一般的ですが、目に見えない重さや強さは、スポーツに見られるような鍛え方ではつくれません。部分体の強化という意味では効果をなすかも知れませんが、人間として本来持つ統一体としての力を発揮するには、そのあり方は逆方

サンチンの型

向にあると言えます。統一体にする最良の方法は、武術に見られるような伝統として継承されている「型」による方法です。

型で鍛えるというのは、例えば空手の突きであれば、その突いている手に重さが出る。力を入れていないのに、ただ手を出すだけで第三者から見てもその手に重さを感じるというものです。また、型でつくるスピードとは、目で追えるスピードではなく、目に見えないスピードを身につけるという鍛え方です。型で鍛えた身体は柔らかくて強いという内面からの力をつくり出す方法でもあります。

しかし、これに対し器具などを使う、すなわち筋トレなどによる鍛え方だと、筋肉

サンチンの型の内面検証・無力化

空手実践塾

が隆々としてくるなど目に見える形、すなわち外面的な形としては出てきますが、内面の力は出てきません。自由で、居つかない調和の力をつくる内面の鍛錬に対し、外面の鍛錬は居つきを生じさせ対立を生みます。また外面の部分トレーニングをする人は、メンタルトレーニングなどの多くの別メニューのトレーニングを当たり前のように取り入れたりします。統一体の観点に立てば、この事は本末転倒の鍛え方と言えるのです。それは部分はいくら統合しても統一体にはならないからです。本来はその主たるスポーツ自体で、全てを強くしていくべきなのです。すなわち、そのスポーツに必要な身体的な強さや精神的なものを、スポーツだけでなく人間としての強さにもつながる形で鍛えるべきなのです。

また型で鍛える方法は、身体に気が流れるようになるので、身体の内から鍛えられ、だんだんそれが一つの力となっていきます。こういう身体全体からくる一つの力こそが、本来、人間力の土台となっていくのです。

武術の稽古を通していろいろな「気」を感じ、体験するという事は、人間の凄さへの目覚めはもとより、自らの潜在能力の発掘につながります。そしてその気づきは、また自分を信じる「自信」につながります。さらに「気」は身体の免疫力を高め、健康体をつくるとともに、心の安定を生み、人間として「生きる」ことへの確固たる基準を築き上げ

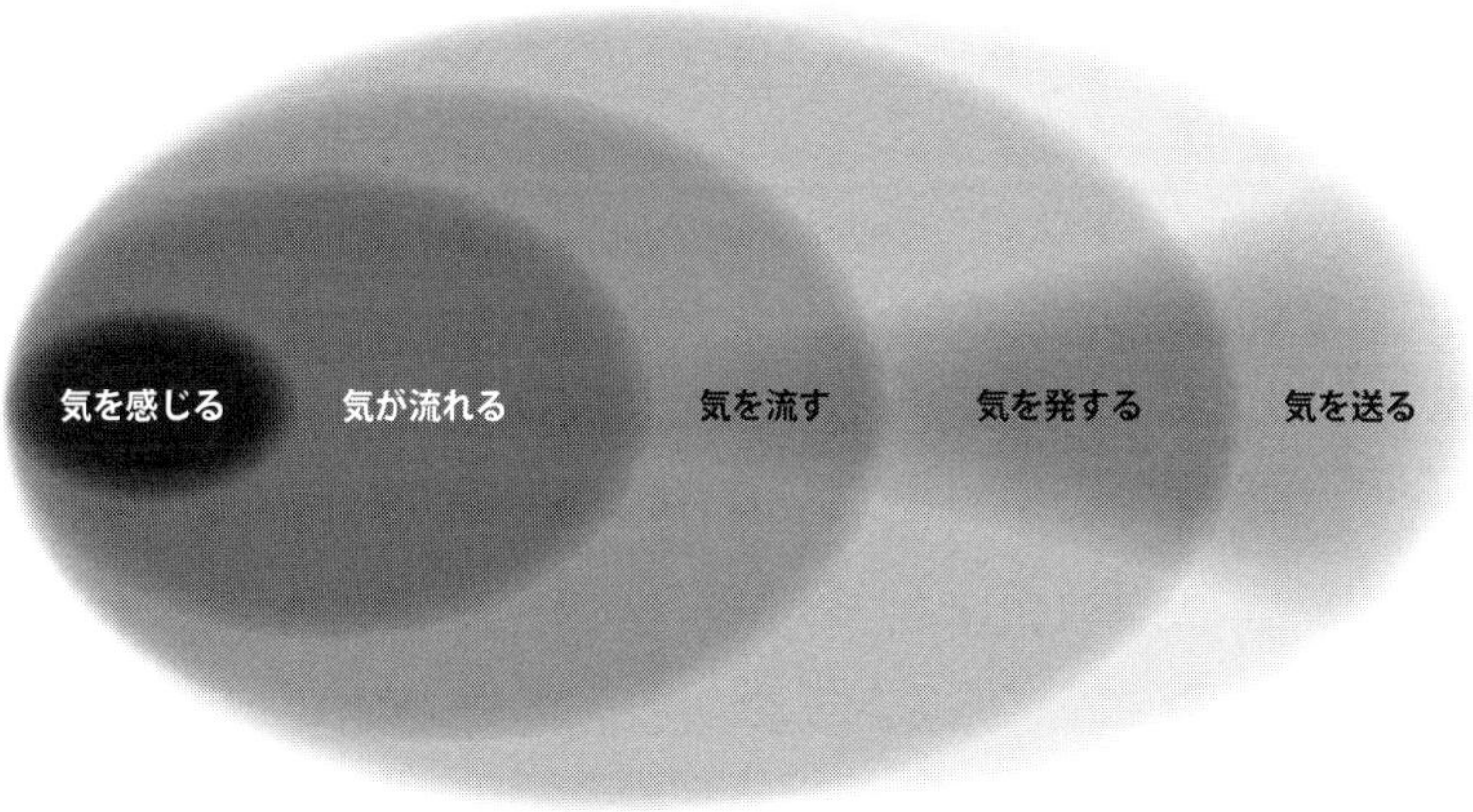

ます。そして、人間として最も大事な事は、自らの幸せとともに、周りの幸せに向かう行動であり、その行動こそが、まさに自らの人間力としての進歩、成長の証であると同時にバロメーターとも言えるのではないでしょうか。

宇城塾 受講者の声

自然体の腕組みで重くなる、しかしその先に…

（宇城道塾　神奈川　会社員　43歳　男性）

「心を閉じる」→「心を開く」は本当に難しく、自分よがりな考え方や勘違いしたりしてしまいがちなんだと感じました。

（自分の自然体で）手を組み合わせる、腕を組むだけで身体が重くなり「凄い重心が変わったんだ」と思った瞬間に、先生の「気」により、全く逆のことが起こってしまいました。

手を組んで重くなったのは、心を開いたからではなく身体操作であり、もっと高次元の世界があるということを身を以って教えて頂きました。先生の「謙虚であれ」という教えが大変重要であり、高次元の世界に行く為には自然と謙虚にならざるを得ないのだと感じました。

「参りました」と心から言える状態に

（宇城道塾　京都　大学生　22歳　男性）

今日の道塾では、宇城先生に自分の浅はかさをえぐり出してもらいました。何度も何度も先生に体当たりを挑ませてもらったのですが、最初は何も考えず、やみくもに突っ込んでいました。おそらく当たる瞬間は目をつむっていたと思います。しかし、次第に先生のスピードを体感して、怖さを感じ出しました。そのスピードに自分も触発され、幾分か自分の動きも速くなったようにも感じました。そして最終的には、怖さというより畏怖に近い感覚が生まれ、うかつに近寄れない状態になりました。行こうとしても行けない、体がわかる、というところまで、感覚が研ぎ澄まされたのだと思います。ここに至って、ようやく「参りました」と心から言える状態になったように感じます。

こうした自分の感覚の変化を通して、自分がいかに自分の実力を知らず、自分以上のものに対して謙虚さを欠いていたかということに気づかされました。しかも、それは頭で理解したものではなく心（恐怖、畏怖）と体（痛み、緊張）で直接気づかさせてもらったものです。先生に挑ませてもらって、正直まだ自分のなかで整理がついていない部分も大きいのですが、自分は今まで「参りました」が言えない人間だったということは確実にわかりました。そしてそれは裏を返せば、自分の実力を知らないということであり、それはすなわち自分を冷静に見る謙虚さが足りないのだということです。先生と1対1で向き合って感じた、今も残っているこの感覚を、常に忘れずにいたいです。そして、謙虚さを忘れず、自分にないものを素直に学んでいきたいと強く感じました。

限りある人生をどう生きるか

（空手実践塾　東京　会社員　33歳　男性）

型で自分を創っていくということは、本当に今自分自身が全身全霊を込めてしなければならない事であり、一番足らない事でもあるという事が今回の稽古でよく分かりました。今の自分では部分体の心のため、捉え方、考え方、すべてが部分体となり、仕事、日常、人への接し方、人生に違和感を感じるようになっています。だからといって早急に焦って、根性でなにかやろうとしてもそれは衝突であり、大概がうまくいかないと分かりました。仮にうまくいったとしてもそれはフルコンの試合と同じで次にうまくいくかはわからない、真に理に従って動いたのとは天地ほどの差があるという事も先生の元で学ばさせて頂いてよく分かりました。

組手が良い例だと思います。知らずに突っ込んだら間違いなく命に関わります。恐ろしいのが、それが組手ではなく人生に対してもそうなるという事です。それはさらに周りの人間をも良くない方向へ向かわせることになります。

そのスパイラルから抜け出すには、心を開き、先生の心を映していくのが大事だという理解が深まった気がします。それしかないという事が前より強く感じるようになりました。

限りある人生、地球からしたら点にもならない人生を何もせず過去を後悔しながらただ生きるのか、それとも生かされている限りある時間を精一杯生きるのか、その最良の方法を今、学んでいる気がします。

重心が落ちる感覚を日常でも　（空手実践塾　東京　グラフィックデザイン　40歳　男性）

心を開くこと、心を込めること、先生に教われば教わるほど、人として基本であるそれらのことが本当にできてなかったとつくづく気付かされます。

1月の実践塾ではサンチンを徹底して教えていただき、いかにこれまで漫然とサンチンをしていたかがわかりました。気を通していただいているときの重心が落ちて感覚が冴えて景色がはっきり見える感覚。

今回ご指導いただいて、少しずつ、微々たるものではありますが、日常でそれが感じられる時がございます。そして我が出る時の感じをよく感じるようになりました。今でもコントロールできていませんが、こんなに自分は我を出しているのかと感じます。

先生から教わったことをいろいろ試していた時に開く感じ、やさしい感じが出ると我が引く感じがします。知れば知るほど改めて自分が何もできておらず、何もわかっていなかったかを思い知ります。

しかし気持ちはとても前向きです。先生から教わるようになってから、いつも生きてきた中で今が一番いいと感じられます。決して過去に戻りたいとは思いません。そう思えることはとても幸せなことです。生きる喜びを教えていただいている先生には本当に感謝いたしております。

第六章

気と人間力

——幕末に見る武術の極意のエネルギーを今こそ

人間力が衰えると国土も痩せる

これは、宮大工・西岡常一氏の第一高弟であった小川三夫氏と季刊『道』で対談した時に伺った話ですが、昔は日本にも2000年経つ檜《ひのき》がたくさんあったけれども、今は日本で最高のものでも600年、それ以上は腐ってしまうのだそうです。それだけ土壌が痩せてきているという事です。本来は肥沃《ひよく》な土地であっても、そこに生きる人間の力が衰えると、すなわち人間力が衰えると、同時に我々が住んでいる土地も衰えていくという事です。だから、木が育たない。そういう事も事実として分かってきているのです。

それは漁業でも同じです。魚でも捕りすぎればその種は絶滅します。森を人間が破壊すれば動物は住めなくなり、ふるさとを奪われた動物は里山に出てきて動物と人間との対立が起こります。

原発も同じです。日本という土地を経済的な理由で汚すという事は、個人の家にたとえれば、家のなかで何でも撒き散らすような事と同じです。そういう家庭がまともであるはずがありません。やはり整理整頓し片付けて、みなで楽しく食事をするのが普通のあり方です。それは大宇宙の中の小さな我々の小宇宙であり、それを一企業、一家族と、凝縮して捉えていった時に、そこにおける破壊行為は全ての破壊行為につながっていくという事です。

ですから、その全ての土台にある人間力を取り戻さなければ、将来予測のつかない、目に見えない神秘な世界において、大変な事が起こるのではないかと思っています。

人間の善性と悪性

カンボジアの世界遺産アンコール・ワットは、かつて栄えたクメール王国によって12世紀に建てられましたが、その後、多くの戦乱や盗掘に見舞われ、15世紀以降、１８６０年に森の中で発見されるまでの長い期間、ジャングルのなかで放置されていました。

写真はアンコール遺跡群の一つ、タ・プロームです。遺跡がガジュマルの木に今にも呑み込まれようとしています。このガジュマルの木は大人５人が手をつないでも足りないくらいの大木です。この遺跡が教えている事は、全ては自然に還っていくという真実です。

福島原発事故のために現在仮設に暮らす人が、震災後約2年たって避難先から自宅に一時帰宅してみると、床から畳を突き上げてきのこや草が生えていた、と語っていましたが、東京でも誰も住まなくなったらタ・プロームと同じで、やがて木が生え、森に覆われ、川が流れ、何事もなかったように元の自然に還っていくのです。それだけ地球、宇宙には、偉大なる再生エネルギーが存在しているという事であるのです。

この、最盛期にあったクメール王朝がなぜ滅びたのでしょうか。そのヒントが、残された浮彫壁画や彫刻にあると言います。

16ページに文章を引用したアンコール・ワットの研究書によると、浮彫壁画に描かれているいくつもの戦いや戦争の場面は、決して外面的な争いを表わしているのではなく、実は内面の戦いを表わしている壁画なのだと言います。

すなわち人間には善性と悪性という両面性があり、この二つは人間に永遠に共存するものである。悪性とは、色欲、憤怒、貪婪《どんらん》の三悪があり、この三悪が善性にも悪性にも働きかけると言います。この悪性が勝った時に、悪性はますます悪性の度合いが増し、善性もこの悪性に犯されていってしまい、戦争などの衝突を引き起こす。すなわち、戦争は、内面の結果が外面として現われる現象であるというのです。

ですから、この外面の現象、すなわち戦争を食い止める方法とは、各人の内面にゆだねられていると言います。人は本来善人であるものの、内面にある心の選択によって善人とも悪人ともなり得る。だからこそ、この「あいまいなる心を調節、抑制する」事が大切で

アンコール・ワット

ガジュマルの大木の根に
呑み込まれようとしている
タ・プロームの遺跡

ある、すなわち、意識を善性――愛に向ける事が大切であるとしています。そして善性に対峙する悪性に直面したら、常に対戦しなければならないとしています。

以上の意味において、「人生は戦いである」はまさに真実であり、自己との戦いであるという事です。人間が戦争、争いを避けようと思えば、みなが善性に向かって内なる戦いをしなくてはならない。内なる悪性に支配されれば、衰退、破滅がある。壁画は善性に向かう内なる戦いによって平安を希求する事を教えています。そしてその教えは、偉大なカンボジアの文化遺産ともなっているのです。

この栄華を誇ったクメール王国の遺跡の前で、幼い子供たちが裸足で物を売っていました。アジアの中国、インドに並ぶ大国であったクメール王国。歴史のまた別の側面を感じるとともに、日本も将来そうならないようにと強い思いを抱かざるを得ません。このクメール王朝が示したように、国が滅びる時は、外からの圧力で滅びるのではなく、なかからの崩壊で滅びていくからです。しかも今の日本には、三つの悪性だけでなく、無気力、無関心が生まれています。国の経済的基盤が失われると、弱いところから貧困は始まり、元に戻る事は至難の技ではありません。カンボジアの遺跡はそういう歴史の事実をつきつけるものであり、一方で生きる事の意味を、教えてくれているような気がします。

剣術の教えに見るぶれない生き方

ここに、昔の剣法書に、伊藤一刀斎《いとういっとうさい》の教えを弟子がまとめた資料があります。伊藤一刀斎は、戦国時代から江戸期にかけての剣客で、この伊藤一刀斎の前には、鐘捲自斎《かねまきじさい》や、佐々木小次郎の先生と言われている富田勢源《とみたせいげん》がおり、また同時代には、柳生新陰流上泉信綱《かみいずみのぶつな》、さらに柳生石舟斎《やぎゅうせきしゅうさい》、柳生宗矩《やぎゅうむねのり》、そしてその流れのずっと後に幕末に活躍した山岡鉄舟が出ています。全て実在した人物です。またどの剣法書も当時の悟りの境地に達した剣の術技と身心のあり方が記されており、いかに当時の次元が高かったかを教えています。

――『一刀斎先生剣法書』訳注論文（竹田隆一、長尾直茂）より――

「身体は内なる気に応じて動き、気は心の向かう所に応ずる」

すなわち、

「心が変化すれば、気が変化し、
気が変化すれば、身体も変化する」

とあります。さらにこうも書いています。

「剣があれば、技があり、技があれば、道理がある。心は技の大もとであり、身体能力は剣の操作技術の大もとである」

いかに心が大事であるかという事を説いています。

さらに心のあり方として、

「たとえ技がすぐれていても、真心という道理をもたぬ者は、勝利を手に入れる事はできない。

技がすぐれていなくとも、真心で是（剣術）を学ぶ者が、勝利を手に入れる事に、何の疑いがあろうか」

と説いています。そして、

「真心は武士の一芸であり、勇者の具足、よろいのようなものである。そしてこの一刀流では、真心ある者を選んで、弟子に伝えている」

とあるのです。つまり真心こそ、最も強いよろいであり、技術をも凌駕《りょうが》するものであるとしているのです。

ここで言う道理とは、絶対的普遍の法則の事、すなわち真理の事を言います。

しかし、この

「道理を技よりも優先させ、身体能力を剣の操作技術よりも優先させる」

という事は、

「これは剣術における病気のようなものである」

ともあります。それは

「剣術の本質から離れた点で、技や道理を追求するようになるからである」

という事だからです。

すなわち、今のスポーツのように、メンタルトレーニングや身体能力、技術などを別々に捉えてトレーニングするような事は病気である、という事です。例えば、スポーツに見られる、筋力をつけるための筋力トレーニング、バランスボールを使ってバランス感覚を磨こうとする発想など、あるいは空手であれば巻き藁を突く、板を試割りするなど、みな本質の事とは離れたところの追求であるという事です。

これは、同じ事が政治にも教育にも言えます。東北の復興が遅々として進まないなど、多くの人の幸せからはずれた所の政治や、学校現場における受験勉強など、教育の本質と離れた所でやっていたのでは、ますます本質とする所から遠ざかっていくばかりであるという事です。

以上から言える事は、常に本質とは何かという所からぶれないあり方が大事であるという事です。武道にしても、ただ時代に受け継がれたものをそのまま受け継いでいくのではなく、その時代にある本質を、創意工夫して今に活かしていくという事です。それこそが不易流行というあり方です。時代がどんなに変わっても、活かせる本質をつないでいく、これが伝統を伝えていくという事でもあると思います。

先達に見る教えと学び

松下幸之助翁は8歳から丁稚《でっち》奉公に出され、その後、松下電器（現パナソニック）を創業した方ですが、社員300名くらいまでは社員とその家族の誕生日を全部覚えていたと言います。創業後、しばらくして世の中が不景気になり、会社が倒産寸前の時にあって、松下幸之助翁は「社員は会社にとっての財産である。人財である」と言って、一人の社員も辞めさせなかったそうです。その想いは、社員はもちろん家族まで伝わり、全員総出で自社の商品を売り歩いたと言います。

ソニーの創業者の井深大《まさる》翁は、当時「今の日本の教育では将来に創造性のある人間はつくれない」と考え、自ら幼児教育を始められました。しかし幼児教育でも間に合わないと、さらに音楽を胎児に聞かせるなどの胎児教育も始めます。さらにその胎児教育でも間に合わないと、婦女子の教育まで進化していきます。

この「良き人材をつくるためには婦女子の教育が大事である」とした考えは、幕末の吉田松陰も同じだったそうです。いかに当時のトップはそうした愛情とともに、また先を見る力があったかという事だと思います。

マザーテレサの言葉に「愛は言葉でなく行動である」がありますが、まさにこれを実践できていたのが当時のリーダーたちであったと思います。

井深翁がとなえた幼児教育の基本は、「繰り返し教育」とも言われているのですが、これは、毎日繰り返す、その繰り返しのなかで「昨日よりは今日、今日よりは明日」という、まさに武術の稽古、修行の本質にあるものと同じです。ただ繰り返すのではなく、より深まっていくという実践、教えです。

本来、教育というのは、自分をより高い山に向かわせるものでなければならないはずです。その教育を通して目指すべき高い山も、裾野が広くなければ崩れてしまいます。すなわち、山の高さは土台の広がりを合わせもって可能となるということですが、それはよく言われる「浅く、広く」の土台の広がりとはまったく意味が違います。山の高さは、その自然体としての「威厳」にあります。それは目に見えない存在感であり、オーラです。海には「深さ」があります。表面で波のたつ海も、深い底には静けさがある。その深さゆえに浅い表面での現実を受け止めることができる。人で言うなら寛容という器です。このような山の高さと海の深さを目指す人間性に知識をのせていくからこそ、知識の意味や意義があり、すなわち善として生かすことができるのではないかと思います。

これに対し優位性を得るための知識を優先する昨今のあり方では、本来の人間力としての高さ、深さは出てくるはずがありません。今の日本全体の教育に見る、暗記主義受験勉強という問題だらけの教育の結果が今に出ているわけです。教育の本質というのは、創造を生むと同時に人間の質の向上に向かう、すなわち「心あり」の創造に向かうものでなければならないと思っています。

幕末当時の日本人は、まさに自然体のなかでそういう教育を受けていたのではないかと思います。山の高さとしての威厳と、海の深さという愛情を合わせ持つ。その度合いこそが、指導者の力量ではないかと思います。またそういう深さ高さや、謙虚さのある指導者の下には、同じくそういう人物が育っていくという事です。教育とはそうした愛と深さと高さに基づくもの、まさにそこに尽きるのではないかと思います。

幕末の日本人の人間力

日本の歴史のなかでも時代を大きく変えた幕末には、とくに多くの学ぶべきもの、教えがあります。我々人間にとって何が正しいかを知っている社会脳に準じた日本人としての「公」に生きる本質を如実に実践したのが幕末の気高き日本人でした。『宝島』を書いたイギリスの作家スティーヴンスンは、幕末の志士・吉田松陰の生き様に感動し、「生きる力を与えてくれる日本の英雄　ヨシダ・トラジロウ」と題して松陰伝を書いています。

この松陰伝を翻訳して紹介したのが、スティーヴンスンの研究家であり、日本テレビの幼児教育番組「ロンパールーム」の司会などで活躍していた、よしだみどり氏です。彼女は、著書『知られざる「吉田松陰伝」』（祥伝社新書）のなかで、「スティーヴンスンが『ヨシダ・

トラジロウ』で指摘した江戸の日本人が持っていた潜在能力を見直したい」と述べ、彼が以下のような見方をしていたとしています。

「日本が鎖国を解いた時やってきた外国人は一般庶民の礼儀正さ、誠実さ、清潔さ、識字率の高さ、明るい屈託のない笑顔、鍵の要らない暮らし（治安の良さ）に驚いた。
当初ペリーは「半野蛮な国」といったが、その頃の日本は、よその国を大砲で脅すような野蛮さは持ち合わせていなかった。
世界は開国した日本に注目し、その洗練された文化に魅了されてヨーロッパの人々の間ではジャポニズムが流行した。」

また、当時の日本文化のレベルの高さについても、次のように触れています。

「外国の人々から高い評価を得た日本の芸術・文化は、長い日本の歴史の中で培われてきた日本人の美質が産みだしたもの、その目に見えない美質こそがどれほど価値のある宝物か、『宝島』の作者は改めて気づかせてくれた。」

当時の日本人に感銘を抱いたのはスティーブンスンだけではありませんでした。1860年に日米修好通商条約の批准書交換のためにアメリカに渡った日本の使節団が、ニューヨークのブロードウェーを馬車で行進した時の様子を、当時のアメリカの代表的な詩人、ウォルト・ホイットマンが記していますが、このエピソードについて拙著『武道の心で日常を生きる』（サンマーク出版）でも書いていますので、以下に内容を紹介します。

「西の海を越えて遥か日本から渡米した、
頬が日焼けし、
大小の刀を二本帯刀した
礼儀正しい使節たち。
無蓋の馬車に身をゆだね、
無帽のまま動ずる気配もなく、
きょうこのマンハッタンの街頭をゆく。」

ホイットマンの詩はこのあと延々と続きますが、ホイットマンは「礼儀正しい使節たち」

を「日本の貴公子」と呼び、終始ほめ讃えています。日本は文明的には後進国でしたが、文化的には建国100年に満たないアメリカをはるかに超えるものがある。その自信のお陰で「動ずる気配もなく」ホイットマンの感動を呼び起こしたのでしょう。当時の日本人には、初対面のアメリカ人を圧倒する迫力があったのです。

このような背景には、武道と武道に根ざした日本の生活習慣がありました。正座、礼儀といった日本人の生活文化は、単なる儀礼や形式ではありません。一人ひとりの姿勢や呼吸をも培う大切な身体科学と深く結びついている事が、今武術を学ぶとよく分かります。

気の革命的指導による「一人革命」

幕末の日本をイギリスも認めアメリカも認めた。このように当時の日本人の人間としてのレベルの高さは今とは桁が違う事が分かります。とくに幕末の志士たちは生と死と隣り合わせのなかで常に0・2秒（無意識）の世界を鍛えていたのだと思います。だから今のように簡単に言い訳をしたり、ごまかしたり、人を裏切ったりする事がありませんでした。

しかし明治以降、西洋化が進み、その綿々と続いてきた大きな仕組みや構造から抜け出せなくなり、次第に人間力が低下してきてしまいました。今私は、主宰する道塾、空手実践塾、学校講演などで、人間に与えられた潜在能力に気づく、気づかせる指導を展開し、一人ひとりが人間を信じる、すなわち自分を信じるという自信を取り戻し、変化していくという一人革命のあり方を提唱しています。

我々の脳には普段無意識的にリミッターがかかっていて１００%の力が出ないようになっていると言われていますが、最近の脳科学では、逆境にあうとそのリミッターがはずれ、力を出せるようになる事が分かっています。気による変化の体験は、まさにこれと同じで、できなかった事が「できる」といったこれまで体験した事のない経験をする事で、本来の自分が持つ力に身体が目覚めていくのです。すなわち部分体から統一体となれば、本来人間が持っている力を常に発揮できるのです。

事実、すでに指導した3万人以上の人が、気を送られる事で自らの身体の潜在能力に気づき、自問して変化し成長する方向に向かっていきます。毎回受講後に感想文を送ってくれるのですが、そこには、日常や仕事において、迷いがなくなったとか、決断が速くなった、行動のスピードが上がったなど、人間として幸せに生きる事に加速して向かう様子がつづられています。

身体は私　心は公の生き方

一人でも多くの人が、人間本来の素晴らしさに気づき、かつて幕末で活躍した吉田松陰や山岡鉄舟のような、開国した時に海外の人に感銘を与えた「日本人としての気高さ、人間としての本質」を取り戻す事が最も急がれるのではないかと思います。

統一体とその心は、人間力の飛躍的な向上につながるものであり、人間力が高まれば、95％の未知の世界のほうが活性化され、今の多くの課題に対して明確な答えを導き出してくれると信じています。

今必要な事は、「私」の生き方から、公に従う「公」ではなく、互いに助け合う「利他の行動」としての「公」の生き方への転換です。それが、今の社会情勢の問題、政治の問題、福島原発の対応の問題、遅々として進まない東北の復興、少子高齢化の問題においての答えを引きよせる原動力となっていくと思うからです。

地球の創造物としてある我々人間は、最先端の脳科学でも明らかなように、すでに潜在的なメッセージを持って存在している事が分かっています。その深層意識（無意識）にあ

吉田松陰
絹本着色吉田松陰肖像（部分）　山口県文書館所蔵

山岡鉄舟

るメッセージを起点とし、実践する身体こそが統一体であり、その行動・実践によって己の心が創られ、まさに武術の極意でもある「心の発動が技となり、形となる」にもつながっていくのではないかと考えます。

今こそ、一人ひとりがしっかり勉強し、変わっていく事だと思います。そして一人ひとりの人間力を高める事で、この国を変化へと導き、世界の平和へつなげ、ひいては全ての幸せにつなげていく事だと思います。まさに、一人革命です。

自分が変われば周りが変わる

——塾生の一人革命——

相手との調和は自分次第

（宇城道塾　東京　会社員　38歳　男性）

今月から人事異動で部署が変わり、一緒に仕事をするメンバーも一新しました。

新しい部署の方々は、私がまさに苦手に感じるタイプの方々で、癖のある方ばかりでした。部署全体の空気として、他から来た人間をまず受け入れない感じなのです。初めて新しい部署を訪れた日は非常に違和感を感じながら仕事をしておりました。こんな感じの部署ですから、異動してきて早々会社を辞める方もいたという話も聞きました。

私も異動した初日から数日間はよそ者扱いで話もロクにしない日が続きました。しかし、3日を過ぎたあたりから急に周りの雰囲気が変わり、みんなが私に話しかけてくれるようになり、距離感がグッと縮まった感じがしました。何かがこの数日間に変わった感じがしました。

私が3日間やっていたことといえば胸のライトを照らしてしっかり挨拶をして仕事をすること。あとはどんなに苦手に感じる人でも、新しい部署に来たばかりの私よりも仕事ができる方たちなのだから、素直に相手を認めて教えていただこうと意識しながら仕事をしたことだけです。どれも今まで宇城先生に教えていただいたことばかりです。

つい先日には私の歓迎会をしてくださるというお話までもいただきました。改めて先生の教えの凄さを感じましたし、まさに普遍の真理を教えてくださっているのだと思いました。周りと調和することの大切さ、そして調和は相手次第ではなく、自分次第なんだと痛感しました。

衝突から調和へ、変化成長した夫

（宇城道塾　大分　会社員　40歳　女性）

毎回宇城先生のご指導では、学校では学ぶことの出来ない、人として生きていく上でとても大事なこと、あるべき心と身体の姿勢を講義や検証実演により気づかせていただいています。

道塾に入塾したばかりの頃は、雲を掴むような宇城先生の検証実演に、ただただ驚くばかりでした。しかし学び続けるうちに、日常生活の中で宇城先生の言葉を思い出し、自分の真の姿と向き合うようになりました。わかったつもりで、わかっていなかったり、やっているつもりで、やっていないことが多々あることにも気づきました。しかし、自分自身、本当に少しずつでも変化成長出来ているのか、色も形も無いので見ることも出来ません。ですが、一つだけ、変化成長していると感じられること、目に見えることがあります。

それは主人です。

主人は、私より2年先に道塾に入塾し、今年で5年目になります。彼の30年、40年…と、積み重ねて来た生活、環境、その上スポーツ空手を一生懸命頑張ってきたため、当初の彼は、対立、衝突、勝負の三拍子揃った性格でした。恥ずかしい話ですが、道塾に入塾する前は、家庭の中でも、私が顔を見て「おはよう」と挨拶して微笑んだことに対しても、「何か！」と対立するような性格でした。

しかし、今では、宇城先生から発せられることの多い言葉、「気・心・調和・愛」の本当の意味、心を込めた挨拶や言葉、行動の大事さに気づき、徐々にではありますが、穏やかな調和を意識した主人に変わって来ました。嬉しい限りです。宇城先生の愛情あるご指導のおかげです。ありがとうございます。私も、主人のように変化成長していくように努力したいと思います。

（宇城道塾　東京　会社員　45歳　男性）

身体が先に動いた

日曜日の午後、電車に乗っていました。駅に到着してドアが開いた直後に切羽詰まった女性のうめき声を聞きました。すぐに席を立って駆け付けたところ、若い女性がホームと列車の間に体が半分落ちていました。女性を引き上げたところ女性が「子供がいるんです！」と私に叫びました。ホームの下をのぞいてみると、４歳くらいの子供がホームと列車の隙間から見えました。両手を伸ばして何か叫んでいました。子供の手が届きそうだったので、お母さんといっしょに腹這いになって子供を引き上げました。ホームと列車の隙間は子供の小さな頭でも横にしてぎりぎり引き上げられるくらいの幅でした。こんなに狭いところに落ちて怪我がなかったのは不幸中の幸いでした。ホームの下でも子供は泣かないで笑っていたと思います。今、思い出すと、引き上げたときに周りの方たちから拍手があったような気がします。お母さんは子供を抱きしめて泣いていましたが、自分の役割も終わったと思い、席に戻りました。しばらくして電車が動き始めたころに、やっと我に返った気がしました。急に「ぞっと」しました。

お母さんを引き上げた時点で、ホームの駅員が集まり出していたので、私が行動を起こさなくても大事には至らなかったと思います。ただ絶叫しているお母さんと暗いところから手を伸ばしている子供を見たら、一瞬でも早く子供を引き上げたいと感じたのだと思います。考える前に体が先に動いていました。

常々、宇城先生に「気がついたときはゴミを拾っている自分」になるようにとご指導を頂いています。普段の私はゴミを見て、通り過ぎてから「これではダメだ」と自分に言い聞かせてから、その場に戻って拾うタイプです。しかし、今回は身体が先に動きました。宇城先生のご指導のお蔭で私の体も一瞬、統一体になったのだと思います。ありがとうございました。常に、いかなる場面でも統一体で行動できる自分を目指して精進したいと思います。

（宇城道塾　大阪　会社役員　40歳　男性）

世の中に求められている教えを受けて

私の会社は現在仕事が大変忙しく、この日も私だけ仕事を抜けて道塾に行くのは、残って働いてくれている従業員に対して申し訳ない気持ちでいました。私の会社は従業員が7名程度であるため、私一人抜けただけでも、他の従業員に大きな負担をかけてしまうのです。

それでも道塾が始まる時間が近づくと、従業員全員が「もう6時前ですよ！」とか、「道塾の日ですよ。忘れてるんじゃないですか！」と声をかけてくれました。従業員全員が、私が会社に残り仕事を続けることよりも、私が道塾に行くことのほうが、大切であると考えてくれていました。

私が道塾に通い始めて1年を過ぎた頃、従業員に「最近変わりましたね」と言われた事があります。私の中で「変わらなければ」と意識があった訳ではありませんが、宇城先生のお話を毎回聞かせて頂いているうちに、一緒に働いてくれている従業員に対して愛おしさを、仕事を頂く取引先に、手伝って下さる協力会社に、日常の中で感謝の気持ちを感じるようになりました。

偶然手にした宇城先生の書籍と出合わなければ、そして道塾に通わなければ、私は友人もいない、自分を心配してくれる人もいない、自分勝手で世の中を恨む卑屈な人間になっていました。

以前、宇城先生がホワイトボードに書かれていた言葉を会社のホワイトボードに書いておいたら、「これを写真に撮らせてもらっても、いいですか？」と1日で3人もの人に言われました。この時、宇城先生の思いや教えが、本当に今の世の中に必要なんだと感じました。

宇城先生から「一人革命を起こす人間をつくりたい」というお話をお聞きした時、改めて宇城先生の教えを命がけで学ぶ覚悟が無ければ、道塾に出席させてもらう資格が無いと思いました。宇城先生の教えを毎日の生活の中で実践していくことは、これまで甘え、逃げ、気づかない振りをしていた私には大変な覚悟が必要です。

私はこれから毎日の生活の中で、私が出会う一人でも多くの人に、私が宇城先生にお会いして感じた「本当の優しさ、強さ、覚悟」を感じてもらえるように命懸けで生きます。

（宇城道塾　東京　58歳　主婦）

この私がこんなに変わる奇跡

この1年は、自分が変わる歓びを実感させて頂いた素晴らしい1年になりました。いつの間にか、少しずつ変わって、1年前の私ではありません。宇城先生の下、道塾で学ばせて頂いたおかげです。武道とは全く無縁で生きた主婦なので、今まで、道塾で浮いている気がしていました。しかし、今回の道塾では、本当の幸せへの道を学ぶ場だということをあらためて実感しました。

この1年で、この私が、この年齢で、こんなにも変わることができるなんて、奇跡的なことだと思います。いつの間にか、日々、心平穏で、暮らしの質が深まった気がしています。ほんの小さな日常生活のことですが、積み重ねたら、私は、今、楽しく、生きてきてよかったなぁとつくづく思えます。

①私の発する言葉が変化し、人の心に届くことが多くなりました。
②どこでも、だいぶ、びくびくしなくなりました。
③人間関係、家の中、思考が、シンプルになりました。

④私の料理が、美味しくなったと家族、友人たちにも喜ばれるようになりました。
⑤結婚34年経って、夫への感謝の気持ちが深まり、やっと、真の夫婦になった気がします。
⑥いろんな場面でよい閃きが出てくるようになりました。
⑦家の植物の育ちがよくて、花がよく咲いて、活き活きしています。
⑧「念ずれば現ず」……、「心の発動」から生じる現実と出会うことが時々あり、自分の心を美しくすることが、幸せへの道だとつくづく思いました。

これからも、素晴らしい「心の発動」のできる人間に成長できるように精進していきたいと思います。

ようやく気がついた、心を開く大切さ

（宇城道塾　東京　役所勤務　38歳　男性）

先生とお会いしてから私の人生が回り始めてきたような感じがします。と言うのも、ここ最近、対人関係が良い方向にむかっています。今まで、とても内気で人見知りな自分が、積極的に他の方と交流を持てるようになった事が、私の中でも信じられないくらい起きています。

講演会後から今回の道塾の間に、保育園の父母の方に飲みに誘われたり、他の父母の方と共通の話題で盛り上がったりしました。

これは　たまたまだろうと思っていましたが、今回の道塾の帰りも、同じ道塾生二人と知り合

いになり、新宿駅まで、ずっと話しながら帰りました。しかも話を聞く側に回ってしまいがちなのに、私がほとんど喋っているような状態でした。

先生とお会いしてからは、自分自身を隠さずオープンにすることを心掛けてきました。自分自身をオープンにすることによって、周りに「私」という人物を知ってもらい、私もその人物のことを知る。知ることにより、いろいろと意見交換が出来る。38歳にして恥ずかしい限りですが、気がついた次第です。

体験した事を大切にして、更に驕らず高ぶらず、謙虚な姿勢で周りの方々と接していきたいと思います。

見抜いてくれる師を持つありがたさ

（宇城道塾　大阪　中学校教員　56歳　女性）

「意識し続けていれば、いつかそれが当たり前になり、意識しなくてもできるようになる」「自分の世界が広がればその差は大きなものになる」という先生のお言葉が日常を送る中で励みになっています。

昨年度は仕事を3倍しました。学校の中心である3つの部の長として全体に様々な提案をし、動かしていく事を経験しました。今までの自分の目線の低さ、つまらないことに囚われていた事、スピードの遅さに気づく事ができました。今、生徒たちに本当に本当に伝えなければならない事を、周りの支持も得ながら行事として実現させていくために、私がどう動かねばならないかを、少しずつわかるようになってきました。

先生の教えを意識して、片付けや掃除、挨拶や礼、苦手とすることも後まわしにせず「ハイ」とやろうと心がけているうち、質はまだまだですが、ちゃんと自分の当たり前になってきました。

また、先生に「軽すぎる」と言われた事も、ずっと心の中でかみしめ続けていたのですが、書店でふと目にとまった本には、上に立つ者には年相応、ある意味の威厳が必要なこと、周りの人の信頼を得るためには、自分の話し方や立ち振る舞いが人からどう見えているかを考え直さねばならない事が書かれていました。

先生が指摘して下さらなかったらこういう事に気づきもしないで「これでいいのだ」と思い続けていた……と思うと恐く、とても恥ずかしいです。

素直でなかったらどれだけ損をするか、遠まわりをするか、本当によくわかりました。「師を持つことの意味」の深さ、大きさを日々体感できているのも、先生のお蔭です。

先生の分母の大きさは、私が想像するのを遥かに越える次元にあるので、私のこれくらいの変化では結果が見られるわけではない……けれど、その分母の大きさを知っているから謙虚になって努力し続けることができるのだと思います。

「何か間違っている」ことを感じ、動く

（東京道塾　千葉　警備会社　44歳　男性）

道塾の後に社員の異動に関する会議がありました。常駐先が閉鎖されるため、それにともなう数十名の配置転換です。会社から提示された条件は、体よく辞めさせたいという雰囲気が感じられる内容でした。これは先生の仰る「心無し」の状態ではないかと思いました。施設の営業担当者もこのままでは皆退職してしまうだろうと感じていました。

まずは配置転換による金銭面の待遇悪化が起きないよう勤務時間を担保する事と役職の保全、寮制度の維持に関しての確認をし、残れる環境をつくりました。利益率が下がることよりも社員のモチベーションが下がることや、離職率が上がる可能性を鑑みて役員からの了承を得ました。

待遇面では今考え得る、できるだけのことはやれたと思います。どうしても施設管理の仕事がしたいという社員については、同業の他社に相談して転職が出来るよう段取りをしました。

恐らく道塾に参加させていただく以前の自分であればこんなことは考えもしなかったと思います。「何が正しいのか」はわからないまでも「何か間違っている」というのを最近色々なところで感じるようになってきました。小さなことでも何かをしようと思うときにはそれなりのエネルギーが必要です。そのエネルギーを毎回の道塾で先生からいただいているような気がします。

利他の行動、自分の身を顧みず他人を助けるような行動は日々実践の修行をされていらっしゃるからこそできることです。道塾や実践塾にはそのような素晴らしい先輩が多数いらっしゃいます。自分もあんな風になりたいと思いながら、「自意識」を捨てきれず、自分を良く見せたいとか、こうすればどう思われるかなということを考えてしまっていることに気がつきます。

「人の為」という事を思った時点でそれが「偽り」になってしまうというのは心から納得させられました。他の人と比べて出来ない事を嘆いたり悲観したりする自分を捨てて、少し出来た自分の進歩を確認しながら成長していけるようになりたいと思います。

まだまだ道のりは遠く、見上げる頂は高すぎて見えませんが、これからも一歩ずつ歩んでいきたいと思います。

宇城空手の学びで、全てが変わりました

（海外空手セミナー　カナダ　ヘッドハンティングエージェント　男性）

宇城先生に昨年シアトルで初めて出会って、すべてが変わりました。私は、空手やほかの武道や格闘技を10代・20代の頃にいくつかやりましたが、一つのものをずっと学び続けるということはありませんでした。

実は、練習もいつも言い訳をつけてサボっていたほうで、熱心にやったことは一度もありま

せんでした。でも、宇城空手に出合って以来、毎日練習しています。そしてすべてが変わりました。日常生活はよりスムーズに、人生はより豊かに、人をより大切にするようになりました。

今日もセミナーで教わったように、「こだわりを捨てろ」ということだと思います。

私のヘッドハンティングの仕事では、誰もが執着心を持っています。クライアントと、そのクライアントがほしがっている人材に対して、自分の意のままになることに固執するからです。でも、自分がこだわらずにその人がしたいようにさせる、同時に自分の望むことも伝えると、その通りになるのです。

今は、「こうしたい」「こうなって欲しい」とあまり思わずに、その人が自分にとっていいだろうということをしてもらいます。すると結果的には、自分にとってもプラスになるほうへいくのです。

同じように私生活の人間関係も、この「こだわらない」ことで円滑にいくようになりました。できる限り多くのものを相手に自分が与えられるように、と思って実行するだけです。自分が与えたのだから、見返りがほしいという気持ちはまったくありません。するとすべてがラクになり、円滑になり、そして豊かになりました。

そして、「中心を持つ」ということ。これを実践しています。仕事で、一日、サンチンをしているときの感覚を何度もよみがえらせながら人に会い、物事を受け入れ、前向きな現実を受け入れています。僕の周りの人もそれをエンジョイしているようです。

すごく大きなことだと思います。たったの8ヵ月で、すべてが変わりました。僕が望むことは、大きな世界でも次のようなことが証明できるようになることです。

愛は怯えることの反対であるということ。一つのことを長く修行し続けることによって、社会に生を育めるのだということ、それは、この愛が一番強く尊いという価値観に基づいたコミュニティが作られるということでもあり、この理論が正しいということの証明にもなるものです。

それを僕たちが証明できるようになれば、世界は今よりも良くなると思います。


（米シアトル　自営業　在米10数年　男性）

必死の意味を、身体でわからせてもらう

宇城先生と出会って一番の変化は、自分のことを24時間見るようになったことです。横着していないかどうか、自分を常に監視というか観察するようになりました。夫婦間でも、ここは自分が悪いだろうというところでは、お互いすぐに引くようになりました。そして今まではそこに居ついていましたが、居ついても仕方がないから、とにかく前にいこう、となります。

先生の本を読むとその都度気づきがありますが、今年は、「やっぱり回転だな」ということがあります。時間の回転。無駄な話を長くしないようにしようとか、とにかくどんどん前に進んで行こうということを妻とやり始めました。横着はやはりしてしまうのですが、それを徹底して常に反省、そして居つかずに、すぐに次へと進んでいます。
先生にお会いして、実際に先生に触れて頂くと、何か、ヒントというかメッセージ、「自分のテーマにするべきもの」を頂けます。今回頂いたことは「必死にならないと話にならない」ということです。時間の回転をあげていかないと、と。しかし必死になったら回転し続けるしかなくなるわけですから止まるわけがない。先生は、「そうしたらすべてが勝手についてくる」とおっしゃいました。人間が必死にさえなったら、と。

必死になるということは、なかなかできないことです。必死になった後すぐ休んでみたり、傍観してみたりしてしまう。「命を懸けないといけない」と先生がおっしゃいますが、それはわかっていてもなかなかできないことです。

しかしセミナーで先生にお会いして、そのなかで必死になったら、それができるのです。それで「これか。なるほど」とわかる。だから日常でも、もうすべて必死にいくしかないなと思っています。普通のことだと思うのですが、先生にはいつも、その普通のことができてないことに気づかせて頂いています。

宇城憲治師範が直接定期的に指導する
宇城塾のセミナーは以下の通りです。

空手実践塾

〈東京・大阪〉

毎 月

〈長野・三重・福岡〉

年４回～６回

宇 城 道 塾

〈初　級〉

東京・大阪・仙台・熊本・岡山にて
前期・後期にわけ開催

〈親子塾〉

東京・大阪にて不定期

(お問い合わせ)

空手実践塾　E-mail　info@uk-jj.com
URL　www.uk-jj.com

宇 城 道 塾　E-mail　do-juku@dou-shuppan.com
URL　www.dou-shuppan.com/dou

(実践塾、道塾共用)　TEL　042-766-1117
FAX　042-748-2421

＊道塾は初級修了後、それぞれ中級・上級コースがあります。(親子塾をのぞく)

＊空手実践塾セミナーは、現在たいへんに受講希望者が多いこともあり、まず「宇城道塾」を受講していただいてから空手実践塾を希望していただくようにお願いしています。

宇城憲治 うしろけんじ

1949年1月15日、宮崎県小林市に生まれる。1967年 宮崎大学入学と同時に空手部に入部。最年少で第二回全日本空手道選手権に出場するも競技空手に疑問を感じ、大学卒業後心道会座波仁吉宗家に身近に接し直接指導を受ける。1982年 全日本剣道連盟居合道に入門し各種大会で50回以上の優勝をかざる。

心道流空手道 範士八段
全剣連居合道 教士七段（無双直伝英信流）
宇城塾総本部道場 創心館館長

1986年 由村電器㈱ 技術研究所所長、1991年 同常務取締役、1996年 東軽電工㈱ 代表取締役、1997年 加賀コンポーネント㈱ 代表取締役、2008年 ㈱UK実践塾 代表取締役。
現在は徹底した文武両道の生き様と武術の究極「気」によって人々の潜在能力を開発する指導に専念。空手実践塾、宇城道塾、親子塾、高校野球塾、各企業・学校講演、プロ・アマ スポーツ塾などで、「学ぶ・教える」から「気づく・気づかせる」の指導を展開中。

著書に『武道の原点』『空手と気』『気の開発メソッド』『人間と気』『子どもにできて 大人にできないこと〈DVD付〉』『「気」でよみがえる人間力』『心と体 つよい子に育てる躾』（どう出版）、『武道の心で日常を生きる』（サンマーク出版）他多数。
DVDに『宇城空手』全3巻、『人間の潜在能力・気』全2巻、『サンチン 上巻』（どう出版）がある。

気によって解き明かされる
心と身体の神秘

2013年5月29日　初版第1刷発行

著　者　宇城憲治

定　価　本体価格 2000円＋税
発行者　渕上郁子
発行所　株式会社 どう出版（旧 合気ニュース）
〒252-0313　神奈川県相模原市南区松が枝町14-17-103
電話　042-748-2423（営業）　042-748-1240（編集）
http://www.dou-shuppan.com
印刷所　株式会社シナノパブリッシングプレス

ISBN978-4-904464-46-5
落丁、乱丁本はお取り替えいたします。お読みになった感想をお寄せください。

宇城憲治の本

人間の潜在能力シリーズ

気の開発メソッド

【初級編・中級編】

【初級編】統一体・身体脳の開発
人間の活力源・潜在能力を引き出す具体的方法を解説。
第一部　気を流す
第二部　気を活かす
付　録　身体に「気」を流す体操——宇城式統一体体操

【中級編】覚悟する身体・肚をつくる
「気」による変化の体験を通し、気の存在を詳しく解説。
第一章　「気」とは何か
第二章　「気」のしくみ
第三章　「気」は不可を可とする
第四章　「気」の可能性
付　録　呼吸法

・B5並製　・定価　各2000円＋税

子どもにできて大人にできないこと

〈DVD付〉

人間の持つ潜在能力をテーマ別に紹介するシリーズ第4弾。子供が持つ大人とは異次元のパワー「調和力」を解き明かす画期的な書。
強さとは何か。筋力に頼らない力の存在とは何か。これまでの常識を覆し、本来の人間のエネルギーが何かを根本的に問い直す。

・四六判上製（英訳文つき）・定価　1500円＋税

人間と気

人間に与えられた宇宙からのメッセージ

人間は、生まれながらに完成形であり、誰もが宇宙からのメッセージとも言える潜在能力を持っている。
調和の力を引き出す根源となる気の理論と事実先行の実践を写真や図を用いて詳しく解説しています。

・B5並製　・定価　1800円＋税

発行　どう出版

発行　どう出版